Deutsch mit Olli 4

Sprachbuch

erarbeitet von
Christine Kröner, Kathrin Lattus,
Heidrun Rebenstorff, Alexandra Thiel,
Lisa Wegerle, Maike Wilken

mit Illustrationen von
Christian Bartz, Petra Eimer,
Manuela Ostadal

Cornelsen

Inhalt

Findest du die Bilder in den Kapiteln wieder?

Inhalt

Diese fünf **Strategien** helfen dir, Wörter richtig zu schreiben.

Merkkästen enthalten Regeln und Beispiele.

> **Nomen** schreibe ich **groß**.
> **K**ind, **P**apagei, **B**lume, **F**enster

Auf der **Grammatikkarte** findest du alles Wichtige auf einen Blick.

Mit den **Lernwörtern** kannst du auf verschiedene Arten üben, zum Beispiel abschreiben, ordnen …

Auf den **Ankerseiten** findest du viele Tipps und Hinweise. Hier werden dir auch die Strategien noch einmal erklärt.

In der **Wörterliste** kannst du nachschlagen, wie Wörter geschrieben werden.

Stark ins neue Schuljahr

1. Worüber machen sich die Kinder Gedanken?

2. Welchen Wunsch hast du für die 4. Klasse? Warum?

3. Blicke in die Zukunft. Was könnte in diesem Schuljahr alles passieren?

Schreibt eure Vermutungen aus 3 auf und hebt sie gut auf.
Prüft am Ende des Schuljahres. Was ist tatsächlich eingetreten?

über Wünsche und die Zukunft sprechen; Wörter zum Bild sammeln, den Wortschatz erweitern; eigene Erfahrungen und Ideen einbringen und sich zu Gedanken anderer äußern; Vermutungen anstellen

Sich eigene Ziele setzen

1 Seht euch das Cover an und lest die Sätze aus dem Buch „Vielleicht“. Wovon könnte das Buch handeln?

Hast du dich jemals gefragt, warum du hier bist?
Du bist du.
So jemanden wie dich hat es noch nie gegeben
und wird es auch nie mehr geben.
In dir steckt so viel. […]
Und weil du hier bist, ist alles möglich. ◇

Kobi Yamada

2 Welche Begabungen stecken in dir?
Mit welchen Eigenschaften kannst du andere unterstützen?

Besonders gut kann ich …

Mich zeichnet aus, dass …

Meine Stärken sind …

Ich kann dir helfen, wenn …

3 Lies den letzten Satz aus **1** noch einmal.
Was sind in diesem Schuljahr deine Ziele?
Schreibe sie auf.
Ich …

Ich möchte der schnellste Papagei im Kopfrechnen werden.

Schreibe Komplimente auf Kärtchen.
Verschenke sie an die Kinder aus deiner Klasse.
Du kannst gut … *Du bist …*
Mit dir …

Wortarten wiederholen

1 Ordnet die Wortarten ihren Beschreibungen zu.

Nomen

Verben

Adjektive

Pronomen

Artikel

Mit diesen Wörtern kann ich genauer beschreiben und vergleichen.

Diese Wörter sind Namen, zum Beispiel für Dinge oder Tiere. Ich schreibe sie immer groß.

Diese Wörter begleiten Nomen. Sie können bestimmt und unbestimmt sein.

Diese Wörter verändern sich, je nachdem, wer etwas tut oder was geschieht. Mit ihnen kann ich verschiedene Zeiten ausdrücken.

Diese Wörter können ein Nomen ersetzen.

2 In jeder Zeile stehen Wörter einer Wortart. Benennt die Wortart und begründet mit den Beschreibungen aus **1**.

a) BOOT, SONNE, MEER, STRAND, SAND
b) DER, EINE, DAS, DIE, EIN
c) SCHWIMMEN, BADEN, REISEN, WANDERN, FLIEGEN
d) DU, WIR, SIE, IHR, ER
e) FRÖHLICH, HUNGRIG, HEIß, SÜß, KLEIN

3 Schreibe die Nomen aus **2** mit Artikel auf.
das Boot, ...

4 Schreibe die Adjektive aus **2** mit ihren Vergleichsstufen auf.
fröhlich, fröhlicher, am fröhlichsten, ...

5 Wähle ein Verb aus **2** aus. Schreibe es in allen Personalformen auf.
ich ..., du ..., er/sie/es ..., wir ..., ihr ..., sie ...

6 Bilde zu jedem Verb aus **2** das Präteritum.
Schreibe so: *schwimmen – er schwamm, ...*

7 Schreibe mit jedem Pronomen aus **2** einen Satz.
Du ...

8 Wähle ein Wort aus. Beschreibe es deinem Partnerkind, ohne das Wort oder die Wortart zu nennen. Dein Partnerkind muss das Wort erraten und die Wortart benennen.

Nomen	Verben	Adjektive
das Gewitter	antworten	gesund
der Detektiv	bauen	hell
der Fernseher	füttern	klug
die Hummel	verlieren	voll

9 Schreibe den Text ab. Unterstreiche die fett gedruckten Wörter in der passenden Farbe: Nomen, Verben, Adjektive und Pronomen.
Die Freunde spielen ...

Die **Freunde spielen** vor dem **Bootshaus**.
Auf einmal **lacht Naomi laut**.
Auf **Emils Nase sitzt** ein **kleiner Marienkäfer**.
Vorsichtig nimmt Naomi das **winzige Tier**.
Sie setzt den **Käfer** auf ein **Blatt**.
Er fliegt schnell davon.

Verben in allen Personalformen aufschreiben; Verben im Präteritum aufschreiben; mit Pronomen Sätze schreiben; Wortarten spielerisch wiederholen; einen Text abschreiben und Wortarten markieren

Wörtliche Rede wiederholen

1 Lies den Text. Weißt du, wie das Märchen weitergeht?

Die Prinzessin auf der Erbse
„Ich habe die ganze Nacht
kein Auge zugemacht!“, klagte die Prinzessin.
Der Prinz murmelte: „Ich habe wunderbar geschlafen.“
„Irgendetwas muss unter meiner Matratze gewesen sein“,
jammerte die Prinzessin.
„Was könnte das gewesen sein?“, überlegte der Prinz.

2 Schreibe die Sätze mit wörtlicher Rede aus **1** ab.
Unterstreiche die Redebegleitsätze. Markiere alle Satzzeichen.
„Ich habe …

3 Ordnet die Redebegleitsätze zu und schreibt auf.
Denkt an alle Satzzeichen. *„Großmutter, was …*

a) Großmutter, was hast du für große Ohren,
b) Damit ich dich besser hören kann.
c) Spieglein, Spieglein an der Wand,
d) Ihr, Frau Königin, seid die Schönste im Land,
e) Rapunzel, Rapunzel, lass dein Haar herunter!
f) Sofort!,

fragte Rotkäppchen
Der Wolf antwortete
wiederholte die Königin
sprach der Spiegel
Der Königssohn rief
entgegnete Rapunzel

4 Was könnten die Figuren sagen, fragen oder rufen?
Schreibt Sätze mit wörtlicher Rede auf.
Der Cowboy rief: „…

Strategien wiederholen ◡ Aa ↯ ↪ M 110

1 Ordnet zu und findet die passenden Beispiele. Schreibt so:

Aa – Wörter großschreiben: der Kaktus, …

◡ – …

◡ Aa ↯ ↪ M	Wörter ableiten Wörter großschreiben Merkwörter Wörter in Silben gliedern Wörter verlängern	viel • der Kaktus • der Mais der Tag • sie liebt • älter es hält • wahr • die Leiter das Buch • das Gebäude gesund • der Geburtstag die Freude • wünschen

2 Schreibt die Fehlersätze richtig auf. Malt jeweils das passende Strategiezeichen darüber. *In den Sommerferien …*

In den Sommrferien habe ich drei märchen gelesn.
Mein Brudr hat seine neue Jacke ferloren.
Mila fehrt mit dem Farrad zur Schule. sami leuft lieber.

3 Würfele und ziehe vor. Erkläre die richtige Schreibweise. Weißt du keine passende Strategie, gehe zurück zum Start.

Strategien anwenden: „Wörter in Silben gliedern“, „Wörter großschreiben“, „Wörter ableiten“, „Wörter verlängern“, „Merkwörter“; Beispiele zuordnen; Schreibweisen mit den Strategien erklären, einen Text rechtschriftlich korrigieren; die Anwendung der Strategien spielerisch üben

Meine Trainingsseiten

1 Lies den Text. Welche Kinder sprechen?

Sami schreibt in **Nevas neues Freundebuch**.
Zuerst trägt er seinen Namen und sein Geburtstagsdatum ein. Dann überlegt er: „Naomi, habe ich einen Spitznamen?“ Sie schüttelt den Kopf und antwortet: „Sami klingt doch schon kurz.“ Auf die Frage nach dem Lieblingstier sagt er lachend: „Olli ist doch ein Tier. Dann schreibe ich Olli.“

2 Schreibe den Text ab.
Unterstreiche alle Pronomen und Artikel.
Sami schreibt in …

3 Finde alle zusammengesetzten Nomen im Text. *Freundebuch, …*

4 Finde die wörtliche Rede im Text.
Unterstreiche die Redebegleitsätze.
Markiere alle Satzzeichen.

So arbeitest du in jedem Kapitel mit dem blauen **Trainingssatz**:
1. Schreibe den Satz ab.
2. Untersuche jedes Wort auf Stolperstellen und markiere sie.
   Sami schreibt in Nevas …
3. Schreibe passende Strategien unter die Stolperstellen.
   Sami schreibt in Nevas …
4. Unterstreiche Nomen blau, Verben rot und Adjektive grün.
   Sami schreibt in Nevas …

LERNWÖRTER

das Jahr	antworten, er antwortet	groß	bald
der Spiegel	erzählen, sie erzählt	schön	davor
die Stärke	wünschen, er wünscht (sich)	voll	
die Zukunft			

Buchstabiere die Lernwörter aus dem Kopf. Dein Partnerkind kontrolliert.

einen Übungstext abschreiben und Adjektive, Pronomen und Artikel markieren; zusammengesetzte Nomen finden; wörtliche Rede erkennen, Redebegleitsätze und Satzzeichen markieren; einen Übungssatz untersuchen: Stolperstellen markieren, Strategien anwenden, Nomen, Verben und Adjektive erkennen; Lernwörter üben: Wörter gegenseitig buchstabieren

Blättere zurück und finde die Antworten.

Quer durch das Kapitel

Beantworte die Fragen in ganzen Sätzen.
Schreibe die Antworten in dein Heft.

a) Olli möchte besonders ...

a) Worin möchte Olli besonders schnell werden?

b) Was hält Sami auf Seite 4 in der Hand?

c) Welche Wortart kann Nomen ersetzen?

d) Wie heißt das Buch von Kobi Yamada?

e) Wie viele Wörter hat das Märchen auf Seite 8?

f) Welche drei Wörter sind deine Lieblingswörter aus dem Kapitel?

g) Welcher Text oder welches Bild hat dir am besten gefallen?

Das haben wir gelernt

Für dieses Schuljahr nehme ich mir vor ...

Daran kann ich mich aus dem letzten Schuljahr noch gut erinnern: ...

Ich kann Sätze mit wörtlicher Rede schreiben.

Wie helfen mir Strategien?

Dieses Thema habe ich noch nicht verstanden: ...

Mit dem Rad im Verkehr

1. Womit beschäftigen sich die Kinder?

2. Wie sieht dein Traumrad aus? Was sollte es alles können?

3. Wo gibt es bei euch Radwege und Fahrradstraßen? Welche Regeln gibt es dort? Sprecht darüber.

Gestaltet ein Plakat mit verschiedenen Verkehrszeichen.

über Verkehrsregeln und Fahrräder sprechen; Wörter zum Bild sammeln, den Wortschatz erweitern; eigene Erfahrungen und Ideen einbringen und sich zu Gedanken anderer äußern; ein Plakat gestalten

Einen Stadtplan lesen

1 Seht euch den Stadtplan an. Welche Verkehrszeichen erkennt ihr?

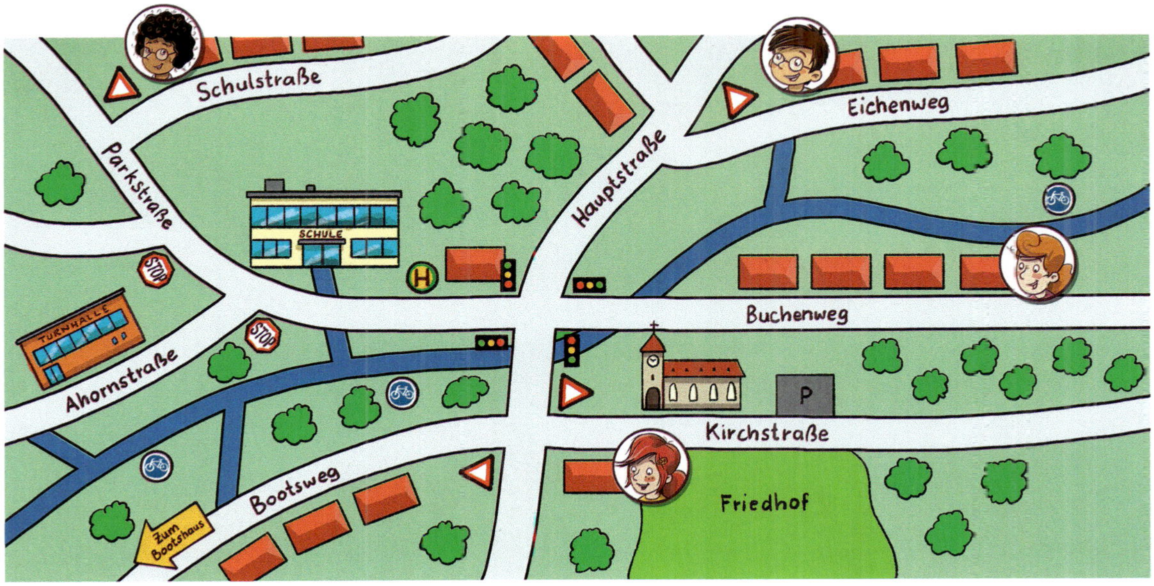

2 Mila, Milo, Ela und Naomi wollen mit dem Fahrrad zum Bootshaus fahren.
Fahre die Wege mit dem Finger nach.
Wer kann sicher mit dem Rad fahren?

3 Welche Strecken legst du gern mit dem Rad oder dem Roller zurück?
Wo musst du besonders gut aufpassen?

Am liebsten fahre ich ...

Gar nicht mag ich, wenn ...

Gefährlich ist es an ...

Beim Linksabbiegen ...

Ist eure Stadt fahrradfreundlich?
Diskutiert. 115

Ich fliege lieber.

Personen genau beschreiben

1 Lest die Beschreibung. Welche Person im Bild ist gemeint?

Gesucht wird eine etwa 30 Jahre alte Frau. Sie ist Zeugin eines Unfalls. Die Frau ist ungefähr 1,60 m groß und schlank. Ihre braunen lockigen Haare trägt sie in einem Pferdeschwanz. Auffallend sind zwei große runde goldene Ohrringe und die runde braune Brille. Die Dame ist mit einem einfarbig roten Kleid mit kurzen Ärmeln bekleidet. An ihrem linken Handgelenk befindet sich eine Uhr mit rotem Armband. Sie trägt einen blauen Rucksack. Ihre Stiefel sind braun.
Die Zeugin wird gebeten, sich bei der Polizei zu melden.

2 Woran habt ihr die gesuchte Frau erkannt?

3 Wodurch unterscheiden sich die anderen Frauen von der gesuchten Person? Notiert die Unterschiede.

4 Wie könnt ihr Personen genau beschreiben?
Erstellt Plakate und ordnet die Wörter den verschiedenen Themen zu.
Ergänzt mit weiteren Adjektiven.

schulterlang | kräftig | muskulös | schmaler Mund | Narben | rundes Gesicht | Brille | grün | blond | bunter Schal | gestreifter Rock | er trägt | sie hat … | …

5 Beschreibe eine weitere Person aus **1**.
Nutze die Checkliste.
Der schlanke Mann ist groß und trägt eine blaue Uniform.

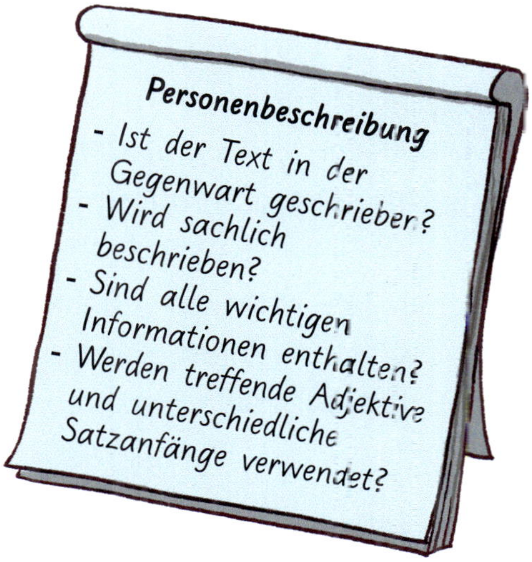

Beschreibe ein Kind aus deiner Klasse.
Die anderen Kinder raten, wer gemeint ist.

Präsens und Präteritum

1 Lest die Museumstafel. In welcher Zeit steht der Text?

Im Jahr 1870 hatten Fahrräder noch keine Ketten.
Mit einer Pedalumdrehung kam man nicht weit.
Deshalb baute man die Vorderräder immer größer.
Damit fuhr man mit einer Pedalumdrehung viel weiter.
Die Fahrt mit einem Hochrad war sehr schwierig.
Manchmal gab es schlimme Stürze.

Verben sagen, in welcher Zeit etwas passiert.
Das **Präsens** (die Gegenwart) verwende ich, wenn etwas jetzt passiert.
Das **Präteritum** verwende ich, wenn ich über frühere Ereignisse **schreibe**.
Heute **haben** Fahrräder Ketten. Früher **hatten** Fahrräder keine Ketten.

2 Schreibe den Text aus **1** ab. Markiere alle Verben im Präteritum.

3 Ordnet die Grundformen den Verben aus **2** zu.
Schreibt Grundform und Präteritum zusammen auf.
hatten – haben, kam ...

sein • haben
kommen • bauen
fahren • geben

4 Finde die Verben in der Wörterliste. Schreibe sie mit der Präteritum-Form auf. *bitten – er bat, ...*

bitten • denken • helfen • geben
bleiben • rennen • schlafen • sehen
lassen • sein • nehmen • gehen

5 Schreibe ein Erlebnis mit deinem Fahrrad im Präteritum auf.

das Präsens und das Präteritum wiederholen: Verben im Präteritum erkennen / im Präteritum und Präsens aufschreiben;
unregelmäßige Verben in der Wörterliste finden und mit dem Präteritum aufschreiben;
einen Text über sich selbst im Präteritum schreiben

AH S. 6/7

Das Perfekt kennenlernen

1 Vergleicht die Verben in den Sprechblasen und im Fotoalbum. Was fällt euch auf?

Das **Perfekt** verwende ich, wenn ich von früheren Ereignissen **erzähle**.
Im Perfekt braucht das Verb ein Hilfsverb (**haben** oder **sein**).
Ich **habe** ein Eis **gegessen**.

2 Schreibe die Verben aus **1** geordnet auf.

ich fuhr – ich bin gefahren, ...

3 Schreibe die Verben in eine Tabelle.

Präsens	Präteritum	Perfekt
sie singt	sie sang	sie hat gesungen
...	...	...

sie hat gesungen
sie sang • er liest
er hat gelesen
sie singt • es ging
es ist gegangen
es geht • er las

4 Ergänze deine Tabelle aus **3** mit diesen Verben. Die Wörterliste kann dir helfen.

rufen • trinken • wachsen • sehen • raten • schwimmen

das Perfekt kennenlernen: Verben im Perfekt und Präteritum erkennen und aufschreiben; unregelmäßige Verben im Präsens, Perfekt und Präteritum aufschreiben

AH S. 8/9

Abstrakte Nomen Aa

1 Lies den Text. Was könnte Milo geträumt haben?

Milo wachte mitten in der **Nacht** auf. Er hatte von einem großen **Abenteuer** mit Sami geträumt. Plötzlich hatte Milo eine **Idee**. Warum sollte sein **Traum** nicht **Wirklichkeit** werden? Am nächsten **Tag** in der **Pause** erzählte er Sami von seinem **Wunsch**. Sami strahlte vor **Freude**.

2 Schreibt die fett gedruckten Nomen aus **1** in der Einzahl und Mehrzahl auf: *Nacht – Nächte, ...*

Nomen (Substantive) sind Namen für Menschen, Tiere, Pflanzen und Dinge (= **konkrete Nomen**).
Namen für Gefühle und Begriffe heißen **abstrakte Nomen**.
das Abenteuer, der Durst, die Idee, der Traum

3 Schreibe die Nomen in eine Tabelle.

konkrete Nomen	*abstrakte Nomen*
das Schiff, ...	*das Gefühl, ...*

- Schiff • Gefühl • Pirat • Idee • Durst • Papagei • Albtraum • Insel • Palme • Wunsch
- Fernrohr • Schnupfen • Rettung • Fass • Uhr • Fehler • Hai • Zeit • Sand • Tod

4 Schreibe mindestens fünf Sätze mit den Nomen aus **3**.

einen Text lesen und darüber sprechen; Strategie „Wörter großschreiben": abstrakte Nomen mit ihrer Mehrzahl aufschreiben; konkrete und abstrakte Nomen unterscheiden und geordnet aufschreiben; eigene Sätze schreiben
AH S. 10/11

Nomen mit -heit, -keit, -nis und -ung (Aa)

1 Schreibe die Nomen ab. Markiere **-heit**, **-keit**, **-nis** und **-ung**.

die Anstrengung, …

die Ordnung	die Dunkelheit	die Fröhlichkeit	das Geheimnis
die Entfernung	die Freiheit	die Schwierigkeit	die Erlaubnis

An den Wortbausteinen **-heit**, **-keit**, **-nis** und **-ung** erkenne ich Nomen. Mit diesen Wortbausteinen kann ich aus Adjektiven und Verben Nomen bilden. schön – die Schön**heit**, pünktlich – die Pünktlich**keit**, erleben – das Erleb**nis**, aufregen – die Aufreg**ung**

Bei Nomen mit **-heit**, **-keit** und **-ung** ist der Artikel immer **die**.

2 Ordne jedem Verb oder Adjektiv das passende Nomen zu.
Schreibe so: *flüssig – die Flüssigkeit, …*

flüssig • erleben • krank
erzählen • wirklich
gesund • retten • finster

die Erzählung • die Rettung • die Finsternis
die Wirklichkeit • die Gesundheit
die Flüssigkeit • die Krankheit • das Erlebnis

3 Schreibe den Text mit den passenden Nomen auf.

Die Fahrradprüfung
Endlich ist es Zeit für die Prüfung. Voller …

Die Fahrradprüfung

Endlich ist es Zeit für die prüfen. Voller aufregen stehen wir neben unseren Rädern. Beim Fahren haben wir schon viel üben. Doch an alle Regeln zu denken, ist die größte schwierig. Nachdem jedes Kind gefahren ist, erfahren wir das ergeben. Welch eine erleichtert: Alle haben bestanden.

Nomen im Satz erkennen (Aa)

1 Lies den Satz. Ersetze den Artikel durch verschiedene Artikelwörter. Markiere das Nomen und das Artikelwort davor.

Ihre Räder ...

Die Räder stehen draußen.

ihre | viele | diese | alle | keine | unsere | manche

2 Setze in jeden Satz aus **1** ein passendes Adjektiv zwischen Artikelwort und Nomen. Schreibe so:

Ihre neuen Räder ...

Ein Artikelwort kann wie ein Artikel verwendet werden.

Artikelwörter (Begleiter) können dir helfen, ein Nomen zu erkennen. Artikelwörter stehen nicht immer direkt vor dem Nomen.

Das Fahrrad hat eine große, blaue Klingel. Mein neuer Roller ist rot.

3 Schreibe die Sätze richtig auf. Markiere Artikelwörter und Nomen.

Unsere neue Lehrerin ...

UNSERE NEUE LEHRERIN HATTE HEUTE EINE GUTE IDEE. IN DER NÄCHSTEN WOCHE MACHEN WIR EINE RADTOUR. ALLE KINDER KÖNNEN MITKOMMEN. ES WIRD SICHER EIN SCHÖNES ERLEBNIS.

4 Welche Wörter werden großgeschrieben? Begründet. 112

DAS TIEFE BLAU DES OZEANS WIRKT BERUHIGEND.

Strategie „Wörter großschreiben": Nomen im Satz erkennen und großschreiben, Artikelwörter kennenlernen; einen Text richtig aufschreiben, Nomen und Artikelwörter markieren; über Schreibweisen sprechen und diese begründen

AH S. 14/15

Eigennamen

1 Sieh dir den Stadtplan von Berlin an. Was erkennst du?
Wo würdest du gern hingehen?

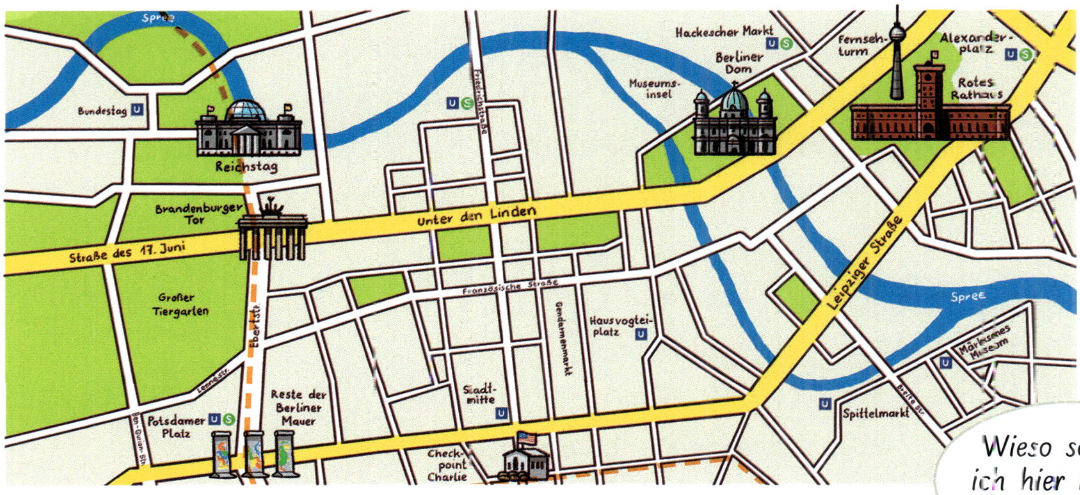

2 Was fällt dir bei der Schreibung der Orte auf?

> **Eigennamen** schreibe ich **groß**. Sie können aus mehreren Wörtern bestehen. **D**eutschland, das **R**ote **R**athaus, der **G**roße **W**agen

3 Löse die Rätsel zum Stadtplan. Schreibe so: *Der Große Tiergarten ist …*

a) Der ___ ist der zweitgrößte Park Berlins.
b) Auf dem ___ stehen vier Pferde.
c) Der Fluss, der quer durch Berlin fließt, heißt ___.
d) Früher führte die ___ durch die Stadt.
e) Der frühere Grenzübergang hat einen englischen Namen und heißt ___.
f) Das ___ ist tatsächlich ein rotes Gebäude.
g) Der russische Zar Alexander gab dem ___ seinen Namen.

4 Erstellt ein Rätsel zu eurer Stadt oder eurem Landkreis.

Meine Trainingsseiten

1 Lies den Text. In welcher Zeitform erzählt Oma?

„Hast du früher auch ein Hochrad gehabt?“, fragt Mila ihre Oma. Die lacht und beginnt ihre Erzählung: „In meiner Kindheit hat es schon richtige Fahrräder gegeben. Meinen **kleinen Bruder habe** ich oft auf dem **Gepäckträger mitgenommen**. Das hat viel Spaß gemacht!“

2 Schreibe den Text ab. Markiere alle Verben im Perfekt. *„Hast du früher …*

3 Schreibe die Verben aus **2** mit der Präteritum-Form auf.
du hast gehabt – du hattest, …

4 Bilde Nomen mit den Wortbausteinen **-heit**, **-keit**, **-nis** und **-ung**.
wandern – die Wanderung, …

wandern • unsicher • dumm
ähnlich • übel • geheim

Vergleicht die Sprachen. Findet Gemeinsamkeiten und Unterschiede.

Fahrrad
rothar
ποδήλατο
bicikl
cykel
велосипед
bisiklet

LERNWÖRTER

die Entfernung	aufpassen, er passt auf	schlimm	draußen
die Rettung	fahren, sie fährt	vorsichtig	nach
die Vorfahrt	helfen, sie hilft		vorbei
der Weg	rufen, er ruft		

Sieh dir die Lernwörter genau an. Dann lass sie dir diktieren.

einen Übungstext abschreiben und Verben im Perfekt unterstreichen; Verben im Präteritum aufschreiben; Nomen mit Wortbausteinen bilden; einen Übungssatz untersuchen: Stolperstellen markieren, Strategien anwenden, Nomen, Verben und Adjektive erkennen; Gemeinsamkeiten von Sprachen entdecken; Lernwörter üben: sich diktieren lassen

Blättere zurück und finde die Antworten.

Quer durch das Kapitel

Beantworte die Fragen in ganzen Sätzen.
Schreibe die Antworten in dein Heft.

a) Naomi wohnt ...

a) In welcher Straße wohnt Naomi?

b) Was ist auf Seite 13 abgebildet?

c) Die Begriffe **Der Große Wagen** und **Deutschland** sind ...

d) Womit fährt Olli auf Seite 12?

e) Welche Zeitform wird mit einem Hilfsverb gebildet?

f) Welche drei Wörter sind deine Lieblingswörter aus dem Kapitel?

g) Welcher Text oder welches Bild hat dir am besten gefallen?

Das haben wir gelernt

Wortfamilien helfen mir, wenn ...

Das habe ich noch nicht verstanden: ...

Welche Zeitform verwendest du wann?

Ich weiß, wie man eine Person genau beschreibt.

Wofür brauche ich eigentlich einen Bericht?

Fragen zum Kapitel beantworten; über Gelerntes nachdenken/reflektieren, verständlich sprechen und erklären, Fragen stellen, wenn man etwas nicht verstanden hat

Herbstwetter

1. Was meint Sami mit *scheußlichem* Wetter? Warum soll er die Tür schließen?

2. Emil gefällt das Wetter. Was denkst du über Herbstwetter?

3. Recherchiert: Warum werden die Tage im Herbst kürzer? 113

Wie machst du es dir bei so einem Wetter gemütlich?

über Wetter sprechen; Wörter zum Bild sammeln, den Wortschatz erweitern; eigene Erfahrungen und Ideen einbringen und sich zu Gedanken anderer äußern; sich über ein Thema informieren

Gedichte vergleichen

1 Lest beide Gedichte. Was erfahrt ihr über den Herbst?

Novembertag

Nebel hängt wie Rauch ums Haus,
drängt die Welt nach innen;
ohne Not geht niemand aus,
alles fällt von Sinnen.

Leiser wird die Hand, der Mund,
stiller die Gebärde.
Heimlich, wie auf Meeresgrund,
träumen Mensch und Erde.

Christian Morgenstern

Septembermorgen

Im Nebel ruhet noch die Welt,
Noch träumen Wald und Wiesen:
Bald siehst du, wenn der Schleier
fällt,
Den blauen Himmel unverstellt,
Herbstkräftig die gedämpfte Welt
In warmem Golde fließen.

Eduard Mörike

2 Wählt ein Gedicht aus **1** aus.
Welche Adjektive passen zur Stimmung des Gedichts? Ordnet zu.

ruhig leise fröhlich verträumt
hell warm neblig gedämpft
gold feucht blau ungemütlich

Manche Adjektive passen zu beiden Gedichten.

3 Was denkst du über die Gedichte? Beschreibe.

Wenn ich die Gedichte vergleiche, …

Ich finde die Stimmung im Gedicht …

Die Sprache klingt …

Die Wörter und der Klang …

Eine Angstgeschichte weiterschreiben

1 Sieh dir das Bild auf Seite 27 an. Lies den Anfang der Geschichte laut vor. Betone die **Angstwörter**.

W-w-wer hat schon Angst im Dunkeln?

Juhu, der Frühling ist da. Filippo Frosch macht einen Freudensprung. Den ganzen langen Winter hat er geschlafen und nun kann er zurück in seinen schönen Teich.

Unterwegs trifft er Denni Dachs und Ibo Igel. Mit Hansi Hase und Tinchen, der kleinen Haselmaus, macht er ein lustiges Frühlingswettspringen. Vor lauter Lachen merken die Freunde gar nicht, wie der Tag vergeht, und plötzlich ist es **stockdunkel**.

Schnell leiht sich Filippo von Tinchen eine Laterne und hopst durch den Wald zu seinem Teich.

Huhuuu!, heult der Wind durch die Bäume, und das Laternenlicht **flackert unheimlich** in der Dunkelheit. Am Teichufer stellt Filippo die Laterne ab, nimmt Anlauf und will gerade mit einem großen Satz ins Wasser springen, als plötzlich … ◇

Jane Chapman

2 Was empfindet Filippo? Findet passende Adjektive und Verben, die zur Stimmung in der Geschichte passen.

Adjektive: gruselig, ...

Verben: erschrecken, zittern, ...

den Anfang einer Geschichte betont lesen die Stimmung in der Geschichte erkennen und passende Adjektive und Verben finden

3 Was könnten Filippo und die anderen Tiere vor Angst sagen oder rufen? Schreibe die Sprechblasen als wörtliche Rede auf.

Denni Dachs jammert: „...“
Ibo Igel ...
Tinchen ...
...

Davon bekomme ich eine Gänsehaut.

Schaut mal, meine Hände zittern wie verrückt!

Mir stehen die Haare zu Berge.

Ich kann gar nicht hinsehen!

Es läuft mir kalt den Rücken runter.

Mir schlottern die Knie!

Wie gruselig!

...

4 Wie könnte die Geschichte weitergehen? Überlegt, wie sich die Angst auflösen könnte.

5 Schreibe die Geschichte zu Ende.
Achte auf treffende Adjektive, Verben und unterschiedliche Satzanfänge.
Verwende die wörtliche Rede.

Mir hilft dabei mein Schreibfächer.

6 Trefft euch in einer Schreibkonferenz.
Besprecht eure Geschichten und überarbeitet sie.

Probiert aus: Könnt ihr die Sprechblasen aus **3** nur mit Mimik und Gestik zeigen? Macht Fotos. Seht ihr die Angst?

Schreibideen entwickeln: Aussagen oder Ausrufe zur Geschichte finden und als wörtliche Rede aufschreiben; den Hauptteil und den Schluss der Geschichte planen und schreiben; Schreibkonferenz: sich die Geschichten gegenseitig vorlesen und Rückmeldungen geben

Satzglieder umstellen und erkennen

1 Bilde mit den Satzgliedern verschiedene Sätze.
Schreibe die Sätze auf und markiere die Satzglieder.

ist | das Wetter | heute | regnerisch und kalt

1. Heute ist …
2. Regnerisch und …
3. …

2 Baue den Satz nach den drei Farbmustern um.

Das Laub …

Beim Spaziergang raschelt das Laub leise unter unseren Füßen.

1.
2.
3.

3 Aus wie vielen Satzgliedern bestehen die Sätze?
Schreibt die Sätze ab.
Dann trennt die Satzglieder voneinander ab.

Mila und Naomi | tanzen | …

Mila und Naomi tanzen im Regen.
Mit ihren gelben Gummistiefeln hüpfen sie in die Pfützen.
Die Jungs basteln kleine Männchen aus Kastanien.
Oma bringt Kleber und Streichhölzer.

Welche Satzglieder kannst du schon benennen?

Mit Adjektiven vergleichen

1 Lest das Gedicht. Wie wird hier mit Sprache gespielt?

Tiger-Jagd

Wer Lust hat, kann an Regentagen
auch hierzulande Tiger jagen.
Es lohnt zum Beispiel der Versuch
der Tigerjagd im Wörterbuch.
Dort spielt der Tiger mit den Jungen
im Quellgebiet der Steigerungen:
Ein **Lus-Tiger**, ein **Präch-Tiger**, ein **Läs-Tiger**, ein **Mäch-Tiger**,
ein **Kräf-Tiger**, ein **Saf-Tiger**, ein ganz und gar **Wahrhaf-Tiger** […]
Man braucht zu dieser Tigerjagd kein Netz und kein Gewehr,
und wer ein bisschen überlegt, der findet noch viel mehr. ◈

Hans Georg Lenzen

2 Schreibe die fett gedruckten Wörter aus **1** als Adjektive auf.
Schreibe so: *Lus-Tiger – lustiger, …*

3 Schreibe die Adjektive aus **2** in eine Tabelle.
Ergänze die Grundform und die 2. Vergleichsstufe.

Grundform	1. Vergleichsstufe	2. Vergleichsstufe
lustig	lustiger	am lustigsten
…	…	…

4 Steigere die Adjektive.
Schreibe so: *warm, wärmer, am wärmsten, …*

warm • kalt • hell • schlecht
wichtig • fröhlich • kräftig

nützlich • schwierig • gut • häufig
dunkel • durstig • wenig

ein Gedicht lesen, mit Sprache kreativ umgehen; Adjektive im Text finden;
Grundform und Vergleichsstufen von Adjektiven wiederholen: Adjektive mit ihren Vergleichsstufen aufschreiben AH S. 20/21

Adjektive bilden mit -ig, -lich und -isch

1 Bilde mit den Wortbausteinen -**ig**, -**lich** und -**isch** Adjektive. Schreibe die Sätze richtig auf. Markiere -**ig**, -**lich** und -**isch**.
Oma hat Angst. Sie ist ängstlich. Pavel …

-lich
Oma hat **Angst**. Sie ist …
Pavel ist ein **Freund**. Er ist …

-ig
Luiza hat viel **Mut**. Sie ist …
Milo hat **Witz**. Er ist …

-isch
Ela freut sich wie ein **Dieb**. Sie freut sich …
Astrid kommt aus **Schweden**. Sie spricht …

2 Verwandelt die Nomen in Adjektive. Schreibt sie geordnet auf.
-ig: eckig, …   -lich: …   -isch: …

-ig	-lich	-isch
die Ecke • der Riese	die Gefahr • der Schreck	das Tier • das Kind
der Dreck • die Trauer	der Sport • der Punkt	Thailand • der Magnet
die Ruhe • der Hunger	der Hass • der Mann	Island • der Himmel

3 Schreibe den Text ab. Setze passende Adjektive ein.
Friedlich lagen …

(Frieden) lagen Milo und sein kleiner Bruder Ben in ihren Betten, als sie einen (Gefahr) Knall hörten. „Was war das, Milo?", fragte Ben (Angst). (Mut) stand Milo auf und sah (Neugier) aus dem Fenster. „Das war nur der Wind", beruhigte Milo seinen Bruder. „Es ist sehr (Sturm) draußen."

 Adjektive mit den Wortbausteinen -ig, -lich und -isch bilden, Wortbausteine markieren; Adjektive in einen Text einsetzen

AH S. 22/23

Adjektive bilden mit -bar, -los und -sam

1 Lies den Text und finde die zwölf Adjektive. Du erkennst sie an den Wortbausteinen -**bar**, -**los** und -**sam**.

Blätter sammeln

Gemeinsam sollen Sami und Ela als Hausaufgabe Blätter sammeln. Das klingt machbar. Gehorsam machen sie sich auf den Weg in den Wald. Dort fallen die Blätter langsam und geräuschlos von den Bäumen. „Wunderbar!“, ruft Sami. Dankbar und sehr behutsam sammeln die beiden Kinder die Blätter auf. Sie freuen sich, dass sie diese Aufgabe so tadellos erledigen konnten. Sorglos gehen sie nach Hause. Wären doch alle Hausaufgaben so mühelos lösbar!

2 Schreibe die Adjektive aus **1** geordnet auf.

-bar: …   -los: …   -sam: gemeinsam, …

3 Bildet mit den Wortbausteinen aus **2** Adjektive.

achtsam, …

achten · **end**en · **trink**en
schulden · **hör**en · **sorg**en
sparen · **bieg**en · **ess**en

schweigen · **dreh**en · **folg**en
brennen · **klag**en · **neid**en
trennen · **rat**en · **empfind**en

4 Lest die Wortpaare. Besprecht, was die Adjektive bedeuten.

wunderbar – wundersam   planlos – planbar   furchtsam – furchtlos

Strategien anwenden ⓦ Ⓐⓐ ⚓ 110

1 Bei diesen Wörtern fehlen die Selbstlaute, Umlaute und Zwielaute. Schreibe die Wörter richtig auf. Zeichne Silbenbögen.

die Regenwolke, …

die R★g★nw★lk★	★ngem★tl★ch	der S★pt★mb★r
der G★mm★st★f★l	f★cht	der ★kt★b★r
der H★rbstt★g	st★rm★sch	der N★v★mb★r

2 Schreibe die Sätze richtig auf. Markiere alle Nomen und alle Satzanfänge.

Der Regen tropft …

DER REGEN TROPFT IN DIE PFÜTZEN.
DAS NASSE LAUB LIEGT AUF DER STRAßE.
IN UNSEREM RADIO LÄUFT DER WETTERBERICHT.
ES SOLL DAS GANZE WOCHENENDE REGNEN.

3 Finde in jeder Zeile zwei zusammengesetzte Nomen. Schreibe sie so auf: *Tennisschläger, …*

DEIDGFTENNISSCHLÄGERRITRUZREGENTROPFENH
KÄDRFLAUBFROSCHNAVGBAUMSTAMMHJIKLBUGX
EIGRHAHOSENKNOPFBZUOPFELAUTSTÄRKEITZEL

4 Was machst du gern, wenn es regnet oder stürmt? Schreibe mindestens fünf Sätze.

Wenn es regnet, …

Schreibe für ein anderes Kind eine Zeile wie in Aufgabe **3**.

Strategie „Wörter in Silben gliedern“: Selbstlaute, Umlaute und Zwielaute einsetzen und Silbenbögen zeichnen; Strategie „Wörter großschreiben“: einen Text richtig aufschreiben, Nomen und Satzanfänge großschreiben; zusammengesetzte Nomen finden und richtig aufschreiben; Sätze über sich selbst schreiben

AH S. 26/27

Strategien anwenden 110

1 Lest den Satz. Erklärt die richtigen Schreibweisen.

Aa M

Die maus sakte: „Meine Hende zittrn wie ferrückt!“

2 Schreibt den Fehlertext richtig auf.
Malt jeweils das passende Strategiezeichen darüber. *Filippo …*

filippo bekommt eine Gensehaut. Was ist das nur vor im? ohne seinen Blick von der unheimlichn Gestalt zu lassen, get Filippo zwei schritte zurück.

3 Würfele und ziehe vor. Erkläre die richtige Schreibweise.
Weißt du keine passende Strategie, gehe zurück zum Start.

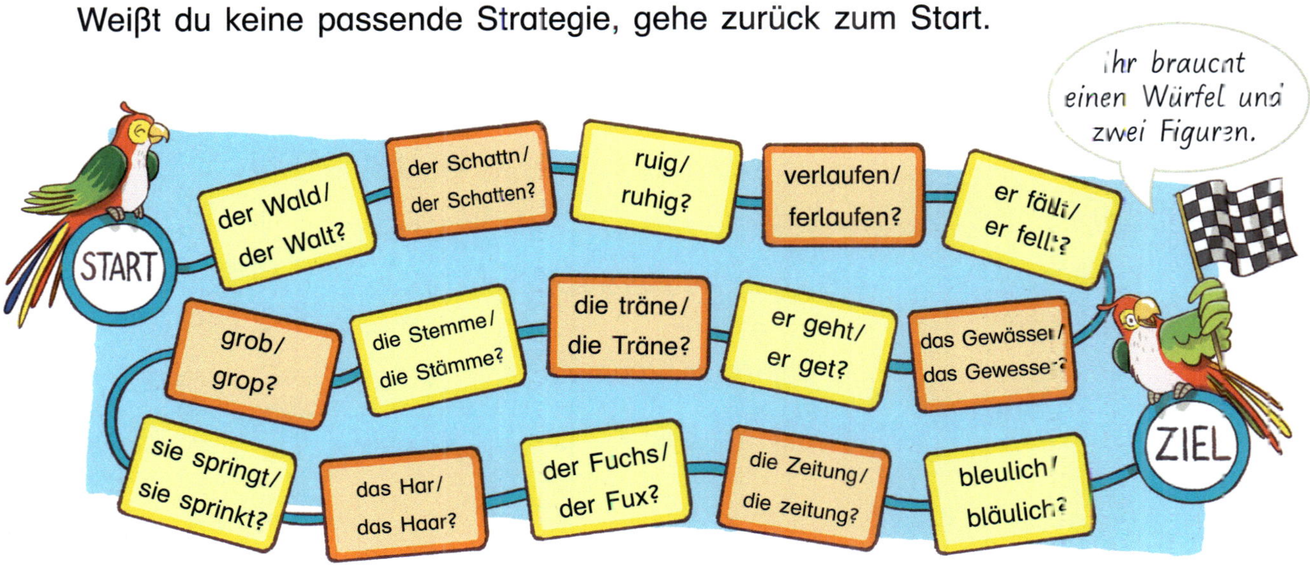

Strategien anwenden: „Wörter in Silben gliedern“, „Wörter großschreiben“, „Wörter ableiten“, „Wörter verlängern“, „Merkwörter“; Schreibweisen untersuchen und begründen, Texte rechtschriftlich überarbeiten; die Anwendung von Strategien spielerisch üben

Meine Trainingsseiten

1 Lies den Text. Welche Buchstaben fehlen?

Die **Kinder planen** in den **Ferien** eine **aufregende Halloweenparty**. Sie wollen Kürbisse mit spitzen Zähnen schnitzen, große haar★e Spinnen aufstellen und gespenst★e Musik abspielen. Das Licht im Bootshaus soll unheim★ flackern. Dank einer Kürbissuppe und blutrotem Traubensaft wird niemand hungr★ oder durst★ bleiben. Das wird grusel★!

2 Schreibe den Text richtig auf.
Entscheide: **-ig**, **-lich** oder **-isch**? *Die Kinder ...*

3 Finde alle Adjektive. Schreibe sie mit ihren Vergleichsstufen auf.
aufregend – aufregender – am aufregendsten, ...

4 Stelle den Trainingssatz so oft um, wie möglich. Trenne die Satzglieder.
In den Ferien | ...

Kannst du Englisch?
Ordne passend zu.
a) der Geist – ghost, ...

LERNWÖRTER

das Gewitter	erschrecken, sie erschrickt	ruhig	eigentlich
das Laub	fallen, es fällt	schlecht	sehr
der Regen	sammeln, er sammelt	schrecklich	voraus
der September			

Finde die Lernwörter im Wörterbuch. Schreibe sie mit Nebeneinträgen auf.

einen Übungstext abschreiben und Adjektive mit -ig, -lich oder -isch richtig schreiben; Adjektive und ihre Vergleichsstufen schreiben; einen Satz umstellen; einen Übungssatz untersuchen: Stolperstellen markieren, Strategien anwenden, Nomen, Verben und Adjektive erkennen; englische und deutsche Wörter zuordnen; Lernwörter üben: im Wörterbuch nachschlagen

Blättere zurück und finde die Antworten.

Quer durch das Kapitel

Beantworte die Fragen in ganzen Sätzen.
Schreibe die Antworten in dein Heft.

a) Das Gedicht …

a) Wie heißt das Gedicht von Christian Morgenstern?

b) Wörter mit den Endungen **-ig**, **-lich** und **-isch** sind …

c) Wie heißt der Frosch in der Angst-Geschichte?

d) Mila und Naomi springen in die …

e) Welcher Tiger kommt nach dem Läs-tiger?

f) Welche drei Wörter sind deine Lieblingswörter aus dem Kapitel?

g) Welcher Text oder welches Bild hat dir am besten gefallen?

Das haben wir gelernt

Wann hilft mir die Strategie „Wörter in Silben gliedern"?

*Mit **-bar, -los** und **-sam** kann ich aus …*

Mit Adjektiven …

In diesem Kapitel hat mir … am besten gefallen.

Was sind noch einmal Angstwörter?

Kinder haben Rechte

1. Warum sind die Kinder so entsetzt?

2. Welche wichtige Entscheidung wurde schon einmal über deinen Kopf hinweg getroffen? Wie hast du reagiert?

3. Überlegt: Was könnten die Bootshauskinder tun?
   Wie können Kinder auf ihr Anliegen aufmerksam machen?

Informiert euch zu Kinderrechten. 113

über Kinderrechte und Mitbestimmung sprechen; Wörter zum Bild sammeln, den Wortschatz erweitern; eigene Erfahrungen und Ideen einbringen und sich zu Gedanken anderer äußern; sich über Kinderrechte informieren

Argumente sammeln

1 Lest das Kinderrecht. Welches Recht haben Kinder?

Berücksichtigung des Kindeswillens

(1) Die Vertragsstaaten sichern dem Kind, das fähig ist, sich eine eigene Meinung zu bilden, das Recht zu, diese **Meinung** in allen das Kind berührenden Angelegenheiten **frei zu äußern**, und berücksichtigen die Meinung des Kindes angemessen und entsprechend seinem Alter und seiner Reife. […] ◇

UN-Kinderrechtskonvention, Artikel 12 (1)

unicef
für jedes Kind

2 Warum sprechen auch diese Kinderrechte gegen den Spielplatzabriss? Überlegt und tauscht euch aus.

Das Recht auf Spiel und Freizeit

Das Recht auf Gesundheit

3 Sammelt Argumente, warum Spielplätze wichtig sind. Schreibt eure Ergebnisse in Stichworten auf.

Mit guten Argumenten kann ich andere überzeugen.

4 Haben die Kinder aus dem Bootshaus eine Chance, den Spielplatz zu retten? Diskutiert.

Ein Vorteil ist, dass …

Ich denke, …

Schwierig ist, dass …

In einem Brief argumentieren

1. Seht euch das Bild an. Warum schreiben die Kinder einen Brief?

2. Lest den Anfang des Briefes.
Wie unterscheidet er sich von einem Brief an Freunde oder Verwandte?

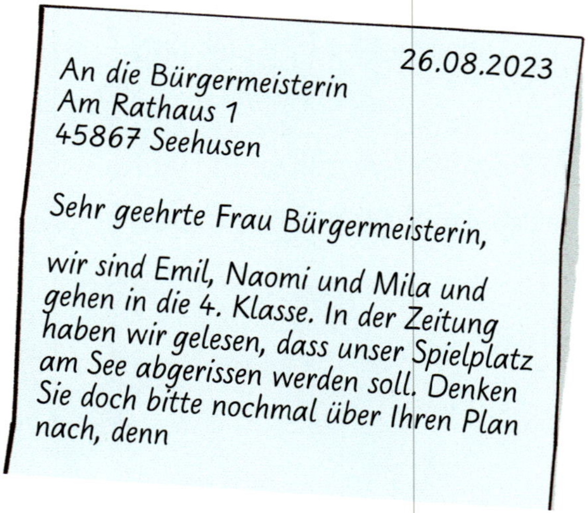
An die Bürgermeisterin
Am Rathaus 1
45867 Seehusen

26.08.2023

Sehr geehrte Frau Bürgermeisterin,

wir sind Emil, Naomi und Mila und gehen in die 4. Klasse. In der Zeitung haben wir gelesen, dass unser Spielplatz am See abgerissen werden soll. Denken Sie doch bitte nochmal über Ihren Plan nach, denn

3. Schreibt den Brief weiter. Begründet, warum der Spielplatz nicht abgerissen werden darf. Denkt an eine passende Grußformel.

4. Lest euch eure Briefe gegenseitig vor.
Welcher Brief könnte die Bürgermeisterin überzeugen? Warum?

einen formalen Brief schreiben, adressatengerecht sprechen und schreiben;
sich Briefe vorlesen und gegenseitig Rückmeldungen geben

Umgang mit sozialen Medien

1 Lest den Chat. Wer verhält sich richtig? Wer verhält sich falsch?

2 Immer zwei Teile ergeben eine Regel für die Nutzung sozialer Medien. Setzt die Regeln richtig zusammen und schreibt sie auf.

Behandle Menschen …

Behandle Menschen im Internet so,	bevor du Fotos von anderen veröffentlichst.
Frage um Erlaubnis,	auch wenn du anderer Meinung bist.
Sei tolerant und respektvoll,	wie du es selbst von anderen erwartest.

3 Was kannst du tun, wenn Äußerungen in einem Chat beleidigend sind?

Subjekt und Prädikat

1 Schreibe die Sätze ab. Markiere das Prädikat rot.

Milo <u>geht</u> zum Rathaus.

Milo	geht	zum Rathaus.
Er	klingelt	an der großen Tür.
Ein Herr	öffnet	ihm.
Der Junge	fragt	nach der Bürgermeisterin.
Milo	überreicht	den Brief der Kinder.

Milo geht zum Rathaus.
↓ Prädikat
Was tut Milo? Er geht.

2 Welche Aussagen stimmen? Überprüft bei den Sätzen in 1.

a) Das Prädikat ist meist ein Nomen.
b) Das Prädikat ist immer ein Verb.
c) In Aussagesätzen steht das Prädikat oft an zweiter Stelle.

3 Fragt in den Sätzen aus 1 nach dem Subjekt.
Schreibt die Fragen und Antworten so auf:

Wer oder was geht zum Rathaus?
<u>Milo</u> geht zum Rathaus.

4 Stelle die Sätze so um, dass eine Frage entsteht.
Markiere das Prädikat rot.

<u>Lesen</u> die Kinder ...?

Die Kinder lesen in der Zeitung.
Ein Redakteur berichtet über ihre Aktionen.
Die Stadt baut einen neuen Spielplatz.
Der Brief war ein großer Erfolg.
Die Freunde lachen erleichtert.

Satzglieder: Subjekt und Prädikat wiederholen; Sätze abschreiben und das Subjekt/Prädikat markieren; Sätze zu Fragesätzen umstellen und das Prädikat markieren

Das zweiteilige Prädikat

1 Findet das Prädikat in den Sätzen.
Was fällt euch auf?

abholen	Sami holt Mila am Bootshaus ab.
einpacken	Mila packt noch schnell ihre Jacke ein.
ansehen	Sie sehen sich heute den neuen Spielplatz an.

> Das **Prädikat** kann aus zwei Teilen bestehen.
> abholen – Sami **holt** Mila am Bootshaus **ab**.

2 Schreibe die Sätze ab.
Markiere jeweils die beiden Teile des Prädikats.
Emil und Ela kommen auch mit.

Emil und Ela kommen auch mit.
Auf dem Weg ruft Sami bei Milo an.
Milo wäscht gerade das Geschirr ab.
Er kommt später nach. Bestimmt fallen
den Kindern auf dem Spielplatz viele neue Spiele ein.

3 Schreibe die Sätze ab und setze die Prädikate ein.
Schreibe so: *Die Kinder kommen am Spielplatz an. Einige …*

Die Kinder ___ am Spielplatz ___. (ankommen)
Einige Handwerker ___ gerade eine neue Rutsche ___. (aufbauen)
Die Kinder ___ auch ihre alte Lieblingsschaukel ___. (wiederfinden)
Sami ___ das Klettergerüst ___. (ausprobieren)
Mutig ___ er den obersten Griff ___ und springt in den Sand. (loslassen)

Verben mit Vorsilben bilden

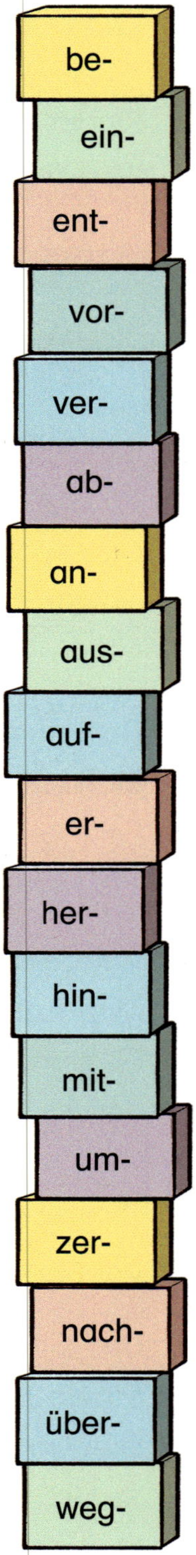

1 Welche Verben finden Milo und Mila mit der Drehscheibe? Bildet Sätze und erklärt die Bedeutung der Verben.

2 Finde zu jeder Vorsilbe rechts ein Verb. Ein Wörterbuch kann dir helfen.
begrüßen, …

Vorsilben sind Wortbausteine.

3 Bilde Verben mit der Vorsilbe **ent-**. Schreibe mit jedem Wort einen Satz.
entdecken: Die Kinder entdecken …

ent	decken	schließen	leeren	laden
	laufen	täuschen	führen	kommen

4 Findet passende Vorsilben zu **stellen**. Schreibt mit den Verben Sätze.
bestellen: …

Wer findet in einer Minute die meisten Vorsilben zum Verb *lesen*?

Verben mit vorangestellten Wortbausteinen/Vorsilben bilden, über die Bedeutung der Verben sprechen; Verben mit dem Wortbaustein ent- bilden; eigene Sätze schreiben

AH S. 34/35

Mit Konjunktionen Sätze verbinden

1 Vergleiche die Sätze. Was fällt dir auf?

a) Die Freunde treffen sich draußen. Das Wetter ist super.
b) Die Freunde treffen sich draußen, denn das Wetter ist super.
c) Die Freunde treffen sich draußen, weil das Wetter super ist.

Mit **Konjunktionen** (Bindewörtern) kann ich zwei Sätze zusammenfügen.
Die beiden Sätze werden durch ein Komma getrennt.
Sami freut sich**, denn** der neue Spielplatz ist super.
Sami freut sich**, weil** der neue Spielplatz super ist.

Es gibt über 100 Konjunktionen.

2 Immer zwei Teile gehören zusammen. Schreibe die Sätze auf. Markiere immer die Konjunktion und das Komma davor.
Milo findet, dass …

Milo findet,

obwohl sie den alten Spielplatz nicht retten konnten.

Die Kinder sind glücklich,

Ela schaukelt,

während Sami die Rutsche hochklettert.

dass der neue Kletterturm noch besser ist.

Emil findet die Seilbahn super,

aber die Rutsche ist ihm zu langsam.

Mila mag die Bürgermeisterin,

denn hat ihnen geholfen.

3 Schreibe mit jeder Konjunktion einen Satz.

denn • aber • dass

Wörter mit ck und tz üben

1 Schreibt den Text ab. Markiert **ck** oder **tz** und den kurzen Selbstlaut davor.

Der Einsatz hat …

Der Einsatz hat sich gelohnt

Ela ist morgens schrecklich spät dran. Abgehetzt zieht sie ihre Jacke an und schnappt sich ein Stück Obst vom Frühstückstisch. Opa sitzt noch im Sessel. Sein grauer Lockenkopf schaut hinter der Zeitung hervor. Aus dem Augenwinkel sieht Ela die Titelseite. „Neuer Spielplatz eröffnet" steht dort in dicken Buchstaben. Ein Glück, dass sich die Freunde so hartnäckig für ihre Kinderrechte eingesetzt haben.

2 Schreibt die Wörter mit Trennstrichen auf.

wit-zig, …

wit-zig

witzig	schwitzen
verletzen	verschmutzen
schmutzig	die Hitze
putzen	die Schätze

le-cker

lecker	wackeln
die Röcke	aufwecken
die Brücke	der Bäcker
drucken	die Verpackung

3 Löse die Rätsel. Schreibe die Sätze richtig auf. Markiere **k/ck** oder **z/tz** und den langen oder kurzen Selbstlaut davor.

a) Kätzchen sind kleine Katzen. b) …

a) Kätzchen sind kleine ___.
b) Auf die ___, fertig, los!
c) Auf dem Bett liegt eine ___.
d) Der ___ ist der 12. Monat.
e) Das Gegenteil von nass ist ___.
f) Süßigkeiten enthalten viel ___.
g) Haare, die sich kringeln, nennt man ___.
h) Beim Foul erlitt der Spieler eine ___.

 Wörter mit ck und tz wiederholen, kurze Selbstlaute kennen und markieren; Wörter mit Trennstrichen aufschreiben; kleine Rätsel lösen

AH S. 38/39

Wörter mit lk, nk, rk und lz, nz, rz

1 Lest die Sprechblasen. Überprüft Milos Tipp.

2 Schreibe die Wörter aus **1** auf. Markiere die beiden Mitlaute nach dem kurzen Selbstlaut.

der Prinz, ...

3 Setze die fehlenden Buchstaben ein. Schreibe die Wörter auf.

der Balken, ...

lk	nk	rk
der Ba★en	der E★el	die Gu★e
me★en	li★s	aufme★sam
das Vo★	si★en	die Ma★e

lz	nz	rz
sa★ig	der Gla★	he★lich
schme★en	die Gre★e	der Mä★
sto★	pfla★en	ku★

4 Wähle aus jedem Kasten in **3** ein Wort aus. Bilde Sätze.

Im März ...

5 **ck** oder **k**? **tz** oder **z**?
Begründet eure Entscheidung. 112

Meine Trainingsseiten

1 Lies den Text. Weshalb überlegt Mila?

In **Milas Klassenchat kommt** es häufig zu **Streit** und **Missverständnissen.** Deshalb möchten ihre Eltern die Nachrichten im Chat lesen. Mila überlegt: „Besteht dort nicht ein Recht auf Privatsphäre?“ Milas Mutter erklärt ihr, dass sie Mila beim Umgang mit den sozialen Medien unterstützen möchte. Mila soll gut aufpassen und nachfragen, wenn sie ein schlechtes Bauchgefühl hat.

2 Schreibe den Text ab. Markiere alle Verben mit Vorsilben. *Milas Eltern ...*

3 Verbinde die Sätze mit *denn* oder *weil.*
Milo ist aufgeregt, denn ...
Milo ist aufgeregt. Er hat eine E-Mail bekommen.
Emil lacht. Er schaut sich ein lustiges Video an.
Mila packt ihr Handy ein. Sie macht einen Ausflug.

4 Unterstreiche in den Sätzen aus **3** alle Prädikate. *Milo ist aufgeregt, denn ...*

LERNWÖRTER

die Chance	denken, sie denkt	ganz	aber
das Glück	gucken, er guckt	kurz	denn
der Platz	verletzten, er verletzt (sich)	plötzlich	weil
das Thema	verstecken, es versteckt (sich)		zurück

Schreibe die Lernwörter am Computer in eine Tabelle.

einen Übungstext abschreiben und Verben mit vorangestellten Wortbausteinen markieren; Sätze mit den Konjunktionen *denn* oder *weil* verbinden; Prädikate finden; einen Übungssatz untersuchen: Stolperstellen markieren, Strategien anwenden, Nomen, Verben und Adjektive erkennen; über die Bedeutung von englischen Wörter sprechen; Lernwörter üben: am Computer schreiben

Blättere zurück und finde die Antworten.

Quer durch das Kapitel

Beantworte die Fragen in ganzen Sätzen.
Schreibe die Antworten in dein Heft.

a) Ich kann andere ...

a) Womit kannst du andere überzeugen?

b) Was steht im Brief oben rechts?

c) Zwei Sätze kannst du mit einer ... verbinden.

d) Wer baut eine neue Rutsche auf dem Spielplatz auf?

e) Wer überreicht der Bürgermeisterin den Brief?

f) Welche drei Wörter sind deine Lieblingswörter aus dem Kapitel?

g) Welcher Text oder welches Bild hat dir am besten gefallen?

Das haben wir gelernt

Wie erkennt man ein zweiteiliges Prädikat?

Kannst du mit vorangestellten Wortbausteinen neue Verben bilden?

Ich kenne Regeln für die Nutzung sozialer Medien.

Die tollste Seite in diesem Kapitel war ...

Dieses Thema fiel mir besonders schwer ...

Fragen zum Kapitel beantworten; über Gelerntes nachdenken/reflektieren, verständlich sprechen und erklären, Fragen stellen, wenn man etwas nicht verstanden hat

Filme und Medien

1 Was haben die Kinder vor?

2 Hast du schon einmal ein Video aufgenommen? Was hast du gefilmt?

3 Findet heraus, was ein Stop-Motion-Film ist. Worauf müsst ihr achten, damit so ein Film gelingt? 113

Entdecke das Daumen-Kino im Buch. Erstelle ein eigenes Daumen-Kino.

über (eigene) Videos oder Filme sprechen; Wörter zum Bild sammeln, den Wortschatz erweitern; eigene Erfahrungen und Ideen einbringen und sich zu Gedanken anderer äußern; sich über Stop-Motion-Filme informieren

Über das Recht am eigenen Bild sprechen

1 Lest den Lexikonartikel. Was bedeutet das Recht am eigenen Bild?

Das Recht am eigenen Bild

Jede Person darf selbst entscheiden, ob sie fotografiert oder gefilmt werden möchte und was mit den Ergebnissen passieren darf. Das bedeutet, nur wenn ich zustimme, dürfen Fotos oder Videos von mir erstellt und veröffentlicht oder weitergegeben werden. Sie gehören zu meinen persönlichen Daten.

> Zu den persönlichen Daten gehören: Name, Wohnort, Geburtsdatum, Telefonnummer, E-Mail ...

2 Welche Bilder oder Filme von dir sollten nicht veröffentlicht werden?

3 Seht euch das Diagramm an. Entscheidet, welche Filme oder Fotos ihr veröffentlichen oder weitergeben dürft.

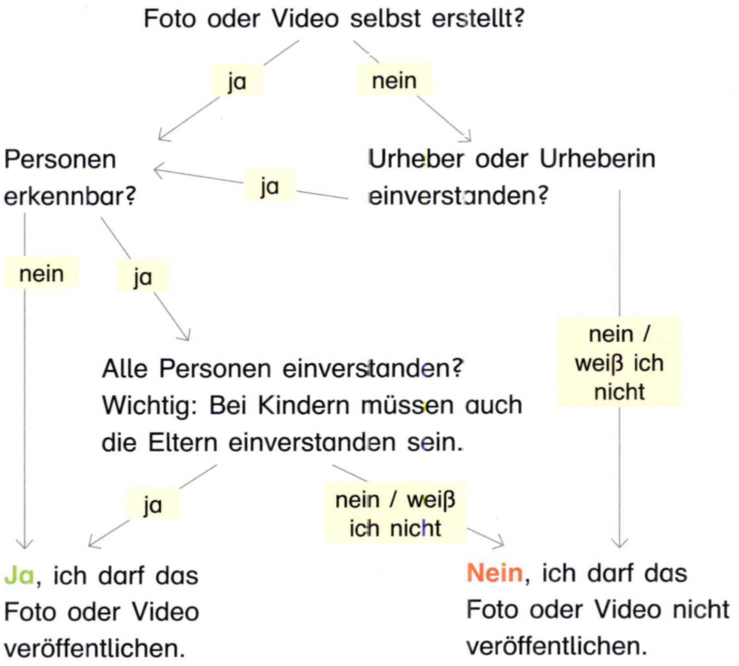

a) Ich filme meinen besten Freund Max. Das Video schicke ich an unseren Klassenchat.

b) Ich habe einen Regenbogen fotografiert.

c) Ich habe ein lustiges Klassenfoto gemacht. Alle Kinder sind nur von hinten zu sehen.

d) Ich habe im Internet einen Film über Pandas gefunden. Jetzt möchte ihn auf die Schulhomepage hochladen.

Eine Geschichte planen und verfilmen

1 Seht euch das Storyboard an. Wie ist es aufgebaut?

Einleitung

Szene 1: Wer? Wann? Wo? 5

– hell, grüne Landschaft
– ...

Material: Pappe für Hintergrund, Wolken, ...

Hauptteil

Szene 2: Was passiert? 5

– Ei auf Wiese
– allein, einsam

Material: Ei, ...

Szene 3: Wie reagiere die Figuren?

– Figuren gehen spaziere
– ...

Material: Figuren, ...

2 Überlegt, was in eurem Stop-Motion-Film mit dem Ei passieren könnte. Die Fragen im Storyboard helfen euch.

3 Erstellt ein Storyboard wie in **1**.
Szene 1: ...

So geht es:

1. Überlegt euch passende Figuren, Gegenstände und einen Hintergrund.
2. Malt zu jeder Szene eine Skizze.
3. Schreibt in Stichworten auf, was in jeder Szene passiert und welches Material ihr benötigt.
4. Versetzt euch in eure Figuren hinein. Besprecht, wie ihr die Szenen verständlich und lustig darstellen könnt.
5. Schreibt auf, wie viele Bilder ihr mindestens für jede Szene aufnehmen wollt.

über ein Storyboard sprechen; eine Geschichte / einen Stop-Motion-Film planen; ein Storyboard erstellen; sich in die Figuren hineinversetzen

Mit einem Storyboard kannst du einen Film planen.

15

Szene 4: Wie geht es weiter?

20

- untersuchen das Ei mit ...
- ...

Material: verschiedene Werkzeuge, ...

Schluss

Szene 5: Wie endet die Geschichte?

10

- aus dem Ei kommt ...
- ...

Material: ...

Der ★ zeigt an, wie viele Bilder du für eine Szene geplant hast.

4 Nehmt kleine Figuren und Gegenstände und nehmt die Geschichte als Stop-Motion-Film auf. Euer Storyboard hilft euch dabei.

Tipps für einen guten Stop-Motion-Film

- mit der Kamera oder dem Tablet nicht wackeln
- viele kleine Bewegungen planen und genügend Bilder pro Szene aufnehmen ★
- Wow-Effekt am Ende gestalten
- die Figuren sprechen lassen

5 Präsentiert eure Filme in der Klasse. Gebt euch Rückmeldungen.

An der Geschichte hat mir gefallen, dass ...

... war eine super Idee!

Ich fand nicht so gut, dass ...

eine Geschichte als Stop-Motion-Film aufnehmen;
sich die Filme gegenseitig präsentieren und Rückmeldungen geben

Wörtliche Rede

1 Lest den Comic. Spielt ihn in der Klasse nach.

Ulf Keyenburg

2 Schreibt die wörtliche Rede aus **1** mit passenden Redebegleitsätzen auf. Markiert alle Satzzeichen.

1. *Kapitän Juri verkündet: „Wir befinden uns ...“*
   Arno jammert: „Kapitän Juri, ich habe ...“
2. *Arno ...*

Die Grammatikkarte kann euch helfen.

3 Lest, was der Sauberbot am Ende des Comics sagt. Schreibt seine Aussagen, Fragen und Ausrufe mit nachgestellten Redebegleitsätzen auf.

Also ehrlich ...

Ulf Keyenburg

Igitt! Noch mehr olle Pizzareste!

Wenn ihr weiterhin so unordentlich seid, könnt ihr einen neuen Sauberbot bei der Weltraumbehörde beantragen.

Habt ihr nicht gelernt, dass man mit Essen nicht spielt?

einen Comic lesen und nachspielen; wörtliche Rede wiederholen,
Sätze mit passenden Redebegleitsätzen aufschreiben, Redezeichen markieren;
Sätze mit nachgestelltem Redebegleitsatz aufschreiben

AH S. 42/43

Der eingeschobene Redebegleitsatz

1 Schreibt die Sätze ab. Unterstreicht die Redebegleitsätze.
Was ändert sich?
Der Sauberbot meldet: „Blitzeblank, endlich ...“

Der Sauberbot meldet: „Blitzeblank, endlich wieder alles sauber.“
„Blitzeblank, endlich wieder alles sauber“, meldet der Sauberbot.
„Blitzeblank“, meldet der Sauberbot, „endlich wieder alles sauber.“

Der Redebegleitsatz kann vor, hinter oder **zwischen** der wörtlichen Rede stehen. Der **eingeschobene Redebegleitsatz** wird mit Kommas von der wörtlichen Rede getrennt.
„Oh ja“, **ruft Arno begeistert**, „ich liebe Pizza!“

2 Ordnet die Redebegleitsätze passend zu.
Schreibt so: *„Super“, jubelt Mats, „der Film läuft in 3D!“*

a) „Super“, ▢, „der Film läuft in 3D!“
b) „Entschuldigung“, ▢, können wir bitte vorbei?“
c) „Oh nein“, ▢, „ich habe die ganze Cola verschüttet!“
d) „Einmal Popcorn, bitte“, ▢, „und eine kleine Apfelschorle.“
e) „Hab ich“, ▢, „etwas Spannendes verpasst?“

3 Stelle die Redebegleitsätze zwischen die wörtliche Rede.
Es gibt mehrere Möglichkeiten.
„Ich war“, gähnt Melda müde, „den ganzen Tag ...“

„Ich war den ganzen Tag am Computer“, gähnt Melda müde.
„Wieso ist eigentlich immer bei mir der Akku leer?“, motzt Pepe.
„Neva, schalte jetzt bitte das Tablet aus!“, schimpft Papa.
„Kannst du mir dein neues Handy zeigen?“, fragt Marie.

den eingeschobenen Redebegleitsatz kennenlernen;
Redebegleitsätze passend einsetzen, Redezeichen markieren

AH S. 44/45

Lautmalerische Wörter

1 Lest den Text betont vor. Mit welchen Wörtern kannst du dir die Geräusche besonders gut vorstellen?

Klappernde Schlangen zischen flink durch raschelnde Büsche im Dschungel. Der flatternde Kolibri tiriliert. Plötzlich knistert es und Knack! Dann flipflopflipflop ein greller Schrei – Aaaah!

Lautmalerische Wörter verwende ich, wenn ich ein Geräusch oder einen Klang als Wort wiedergeben möchte.
Die Büsche **rascheln**. „**Miau!**", **maunzt** die Katze.

2 Ordnet die Verben passend zu.
Wenn ...

Wenn der Regen auf ein Zelt fällt, höre ich es ...
Wenn der Tiger wütend ist, höre ich ihn ...
Wenn ein Feuer brennt, dann höre ich es ...
Wenn Schlangen ihre Schwänze bewegen, höre ich sie ...

knistern • fauchen
prasseln • rasseln

3 Schreibt zu den Bildern lautmalerische Wörter auf.
Wenn ...

Wenn ein Glas umfällt, macht es ...
Wenn ein Ballon zerplatzt, macht es ...
Wenn zwei Köpfe zusammenstoßen, macht es ...
Wenn ein Elefant trompetet, macht es ...

Findet weitere Geräusche. Spielt sie euch gegenseitig vor und ratet.

lautmalerische Wörter kennenlernen und passend einsetzen;
weitere Geräusche finden und sich gegenseitig vorspielen

AH S. 46/47

Dialekte

1 Was möchte die Frau kaufen?
Warum versteht der Verkäufer die Frau nicht?

2 Lest das Gedicht in hessischem Dialekt.
Übersetzt es ins Hochdeutsche.

Sitzt e Wärmsche
uffm Tärmsche
mittem Schärmsche
unnerm Ärmsche,
kummt e Schtärmsche,
wirft des Wärmsche
mittem Schärmsche,
unnerm Ärmsche
runner vom Tärmsche.

3 Recherchiert: Wie heißen die Reimwörter aus dem Gedicht in anderen Dialekten? 113

Schwäbisch: Würmle, Türmle, …
Plattdeutsch: …

Schwäbisch | Kölsch | Plattdeutsch | Sächsisch | …

4 Suche ein Gedicht in einem Dialekt. Übe das Gedicht und überlege, wie du es mit Mimik und Gestik unterstützen kannst. Trage es vor.

über verschiedene Dialekte sprechen; Wörter aus Dialekten mit der Standardsprache in Verbindung setzen und adressatenbezogen einsetzen; ein Gedicht lesen und in die Standardsprache übersetzen; Gedichte in verschiedenen Dialekten vortragen

AH S. 48/49

Wörter mit chs, cks, ks und x Ⓜ 111

1 Lest den Comic laut. Wie klingen die fett gedruckten Buchstaben?

Der **x-Laut** kann unterschiedlich geschrieben werden.
chs: der Fu**chs**, se**chs**
cks: der Kle**cks**, du schlu**cks**t
ks: der Ke**ks**
x: bo**x**en, die Ni**x**e

2 Schreibe die markierten Wörter aus **1** geordnet auf.

chs: Ochsenhaare, ... *ks: ...*
cks: ... *x: ...*

3 Findet passende Wörter. Die Wörterliste kann euch helfen.

a) Dachs, ... *b) ...*

a) drei Tiere mit **chs**
b) ein Verb mit **x**
c) ein Fahrzeug mit **x**
d) ein Märchenwesen mit **x**
e) ein Gebäck mit **ks**
f) drei Wörter aus der Wortfamilie **wachsen**

4 Schreibe Sätze mit den Verben. Markiere **cks**.

Du pflückst ...

du pflückst • du erschrickst • du weckst • du guckst

Strategie „Merkwörter“: Wörter mit x-Laut unterscheiden;
Wörter mit chs, cks, ks und x geordnet aufschreiben / in der Wörterliste finden

AH S. 50/51

Verben mit der Endung -ieren

1 Schreibt die Verben auf Kärtchen. Zieht nacheinander eine Karte. Erklärt euch die Verben gegenseitig oder spielt sie vor.

marschieren	addieren	rasieren
diktieren	explodieren	multiplizieren
operieren	diskutieren	stolzieren
subtrahieren	spazieren	buchstabieren

2 Schreibe die Verben aus **1** geordnet auf. Markiere die Endung **-ieren**.

a) Verben aus dem Bereich Mathe: addieren, ...
b) Verben aus dem Wortfeld gehen: ...
c) Verben aus dem Wortfeld sprechen: ...
d) weitere Verben: ...

3 Ordnet jedem Verb seine Bedeutung zu. *gratulieren: jemandem ..*

gratulieren	etwas mit Zahlen versehen
nummerieren	etwas vervielfältigen
fotografieren	jemandem alles Gute wünschen
kopieren	sich sportlich betätigen oder etwas üben
trainieren	ein Bild mit einer Kamera aufnehmen

4 Findet zu jedem Verb ein passendes Nomen.
applaudieren – der Applaus, ...

applaudieren • informieren • tolerieren • reparieren • skizzieren

Meine Trainingsseiten

1 Lies den Text. Welche Zeichen fehlen?

Milo und **Mila wollen** einen **Film** in der **Mediathek auswählen**. Milo schlägt vor Lass uns den Film mit der lustigen Hexe schauen. Nein antwortet Mila ich möchte lieber den Film mit den sechs Nixen schauen. Sie einigen sich auf die Serie mit dem Dachs und dem Fuchs. Dazu gibt es die selbst gebackenen Kekse mit dem Klecks Marmelade in der Mitte.

2 Schreibe den Text richtig auf. Setze die Redezeichen ein. *Milo und Mila …*

3 Finde im Text alle Merkwörter mit **chs**, **cks**, **ks** und **x**. Schreibe sie auf. *Hexe, …*

4 Versuche diese Wörter zu erklären. Schreibe ganze Sätze. *Bei einem Kuddelmuddel handelt es sich um …*

Kuddelmuddel • Dingsbums • Papperlapapp
Tohuwabohu • Rambazamba • Schnickschnack

Vergleicht die Dialekte. Findet Gemeinsamkeiten und Unterschiede.

LERNWÖRTER

der Fuchs	boxen, er boxt	laut	hier
die Hexe	trainieren, sie trainiert	leer	hinein
die Idee	wachsen, es wächst	wütend	nirgendwo
die Medien	wechseln, sie wechselt		

Schreibe die Lernwörter ab. Wähle für jedes Wort eine andere Farbe.

einen Übungstext abschreiben und fehlende Redezeichen ergänzen; alle Merkwörter mit chs, cks, ks und x finden und schreiben; Wörter in ganzen Sätzen erklären; einen Übungssatz untersuchen: Stolperstellen markieren, Strategien anwenden, Nomen, Verben und Adjektive erkennen; Gemeinsamkeiten von Dialekten entdecken; Lernwörter üben: mit verschiedenen Farben schreiben

Blättere zurück und finde die Antworten.

Quer durch das Kapitel

Beantworte die Fragen in ganzen Sätzen.
Schreibe die Antworten in dein Heft.

a) Der Kapitän ...

a) Wie heißt der Kapitän im Comic?

b) Welches Wort für Kartoffeln findest du auf Seite 55?

c) Was hilft dir, einen Film zu planen?

d) Wo befindet sich der Wurm?

e) Lautmalerische Wörter findest du oft in Comics oder ...

f) Welche drei Wörter sind deine Lieblingswörter aus dem Kapitel?

g) Welcher Text oder welches Bild hat dir am besten gefallen?

Das haben wir gelernt

Besonders Spaß gemacht hat mir ...

Wo kann der Redebegleitsatz überall stehen?

Diese Wörter mit **x** und **ks** habe ich mir gemerkt: ...

Tipps für einen guten Stop-Motion-Film sind ...

Lautmalerische Wörter ...

Fragen zum Kapitel beantworten; über Gelerntes nachdenken/reflektieren, verständlich sprechen und erklären, Fragen stellen, wenn man etwas nicht verstanden hat

Erneuerbare Energien

1. Was könnte im Bootshaus passiert sein?
   Warum kann Emil das Tablet weiter benutzen?

2. Hast du schon einmal einen Stromausfall erlebt? Was hast du gemacht?

3. Welche Geräte kennst du, die Strom verbrauchen?
   Finde heraus, welche Geräte besonders viel Strom verbrauchen. 113

Könntest du einen Tag ohne Strom auskommen?
Worauf müsstest du verzichten?

über einen Stromausfall sprechen; Wörter zum Bild sammeln, den Wortschatz erweitern; eigene Erfahrungen und Ideen einbringen und sich zu Gedanken anderer äußern; sich über Stromverbrauch informieren und darüber sprechen

Über erneuerbare Energien sprechen

1 Seht euch das Diagramm an. Woraus kann man Strom gewinnen? Welche Energien gelten als erneuerbar?

Stromerzeugung in Deutschland 2021

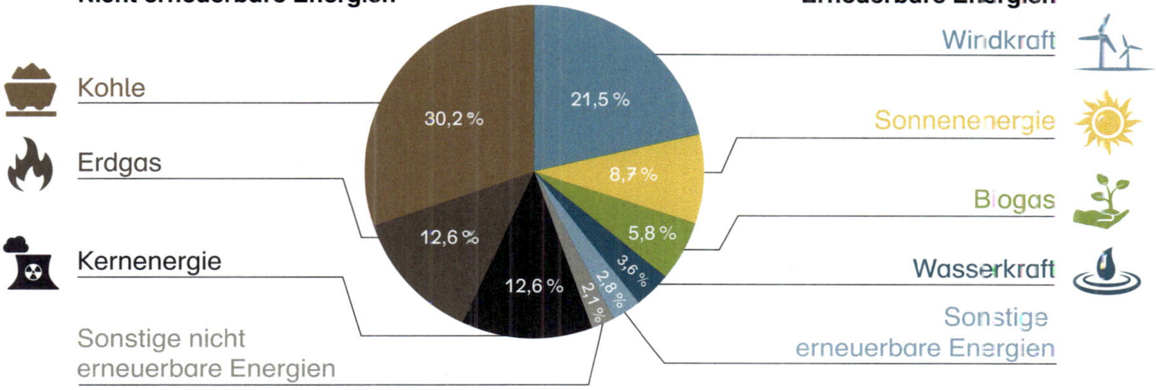

Quelle: Statistisches Bundesamt

2 Hör dir den Text über die Wind- oder Sonnenenergie an. 115

3 Lies die Fragen. Was kannst du schon beantworten?

a) Woraus wird der Strom erzeugt?
b) Wie sieht die Anlage aus?
c) Wo ist ein guter Standort für eine Anlage?
d) Wie viel Energie kann eine Anlage liefern?
e) Warum zählt die Energie zu den erneuerbaren Energien?

4 Hör dir den Text aus **2** ein zweites Mal an. Beantworte die Fragen in Stichworten.

a) ... *b) ...*

5 Tauscht euch über die Hörtexte aus.

über ein Diagramm und erneuerbare Energien sprechen; einen Hörtext hören und Fragen zum Text beantworten;
Hörtexte können über die kostenlose BuchTaucher-App abgespielt werden; Audio-Dateien bzw. Transkription s. a. Handreichungen für den Unterricht und Unterrichtsmanager

Einen Bericht für eine Homepage schreiben

1 Lest den Bericht auf der Homepage der Schule. Wovon handelt er?

Ein voller Erfolg: unser Aktionstag

Am Freitag, dem 24. Februar, fand in der Aula unserer Grundschule ein Energiespartag statt. Jede Klasse beteiligte sich mit einer Mitmachstation oder einer Ausstellung.

Die Kinder der ersten und zweiten Klassen zeigten in großen bunten Bildern, wie schön unsere Erde ist. Einige Kinder trugen selbst geschriebene Lieder und Gedichte vor. Sie forderten alle dazu auf, die Natur und das Klima zu schützen. Unsere dritten Klassen verteilten selbst gebastelte Büchlein mit Energiespartipps. Wir Viertklässlerinnen und Viertklässler bauten Stationen auf, an denen wir erklärten, welche erneuerbaren Energien es gibt und wie „grüner Strom“ erzeugt wird.

Die Besucherinnen und Besucher waren begeistert von unserem Wissen und dem Einsatz für das Klima. Hoffentlich werden möglichst viele Tipps umgesetzt. Dann war unser Aktionstag ein echter Erfolg.

2 Wie viele Abschnitte kannst du erkennen?
Wann beginnt jeweils ein neuer Abschnitt?

 einen Bericht lesen; über einen Aktionstag in der Schule sprechen; passende Stichworte zur Textsorte „Bericht“ finden

Deutsch mit Olli 4

Das kann ich schon

mit Vorlagen zu Lernentwicklungsgesprächen

Name:

Klasse:

Cornelsen

Präteritum und Perfekt

1 Ergänze die Tabelle.

Präsens	Präteritum	Perfekt
		ich habe entdeckt
	er bat	
		sie ist gerannt
ich denke		
	er fand	
es steht		

2 Schreibe die Sätze im Präteritum auf.

Ben hat seine Freundin Elin besucht.

Er ist mit dem Fahrrad gefahren.

Elin hat schon auf Ben gewartet.

Diese Seite fand ich ◯ leicht ◯ mittel ◯ schwer

Nomen

1 Kreise alle abstrakten Nomen ein.

- Waage
- Soße
- Sparsamkeit
- Entwicklung

- Zeugnis
- Körper
- Klugheit
- Unterricht

2 Schreibe die Nomen aus 1 mit Artikel in die Tabelle.

konkrete Nomen	abstrakte Nomen

3 Schreibe mit drei Nomen aus 2 Sätze.

Diese Seite fand ich leicht mitte schwer

Adjektive steigern

1 Ergänze die Tabelle.

Grundform	1. Vergleichsstufe	2. Vergleichsstufe
	schwerer	
mutig		
		am stärksten
schnell		
	höher	
		am besten

2 Finde weitere Adjektive.
Schreibe sie mit der 1. und 2. Vergleichsstufe auf.

 Diese Seite fand ich ◯ leicht ◯ mittel ◯ schwer

Strategien anwenden

1 Setze die fehlenden Selbstlaute, Umlaute und Zwielaute ein.

- W ___ tt ___ r
- L ___ b
- ___ chh ___ rnch ___ n
- ___ kt ___ b ___ r
- K ___ rb ___ s
- Z ___ t ___ ng

2 Schreibe die Wörter aus **1** auf. Zeichne Silbenbögen.

3 Schreibe die Sätze richtig auf.

DIE BUNTEN BLÄTTER FALLEN VON DEN BÄUMEN.

VIELE GRAUE REGENWOLKEN ZIEHEN AM HIMMEL AUF.

DER KLEINE IGEL VERSTECKT SICH UNTER DEM LAUBHAUFEN.

Diese Seite fand ich ○ leicht ○ mittel ○ schwer

Einen Brief schreiben

1 Lies den Anfang des Briefes. Zwei Fehler haben sich eingeschlichen. Markiere und verbessere sie.

30.10.2023

An den Feuerwehrkommandanten
Am Berg 4
78912 Feuerhausen

Hallo Feuerwehrkommandant,

wir sind in der vierten Klasse und interessieren uns für einen Besuch auf in Feuerwache. Bestimmt gibt es viel bei dir zu sehen ...

2 Schreibe den Brief weiter. Erkläre, wofür ihr euch interessiert. Finde eine passende Abschlussformel.

Schutzkleidung kennenlernen	Feuerwehrauto besichtigen	Tipps zur Brandvermeidung

Diese Seite fand ich ◯ leicht ◯ mittel ◯ schwer

Subjekt und Prädikat

1 Markiere das Prädikat rot und das Subjekt blau.

Kinder brauchen auch in der Schule Bewegung.
Ela kennt viele Spiele für das Klassenzimmer.
In Regenpausen spielen die Kinder Elas Spiele.

2 Frage in den Sätzen aus **1** nach dem Subjekt.

3 Stelle die Sätze aus **1** so um, dass eine Frage entsteht.

Diese Seite fand ich ◯ leicht ◯ mittel ◯ schwer

Wörtliche Rede

1 Setze die Redezeichen ein. Unterstreiche die Redebegleitsätze.

Sami, zeigst du mir bitte dein selbst gedrehtes Erklärvideo?, fragt Mila. Ich will auch ein Video herstellen, sagt sie. Klar, erwidert Sami, mach ich doch gerne für dich! Herzlichen Dank, meint Mila, du bist ein richtig guter Freund.

2 Schreibe die wörtliche Rede mit passenden Redebegleitsätzen auf.

Diese Seite fand ich ◯ leicht ◯ mittel ◯ schwer

Wörter mit chs, cks, ks und x Ⓜ

1 Setze die fehlenden Buchstaben ein.

 • Ke ☐

 • Da ☐

 • He ☐ e

 • Eide ☐ e

 • Kle ☐

 • Fu ☐

2 Löse die Rätsel.

Der ________________ schwimmt den Bach aufwärts.

Den Teig verrühre ich mit einem ________________.

Ein halbes Jahr hat ________________ Monate.

Der ________________ ist eine Raubkatze.

3 Schreibe zu jedem Bild einen Satz.

____

____

____

____

____

Diese Seite fand ich ◯ leicht ◯ mittel ◯ schwer

Die vier Fälle des Nomens

1 Frage nach den fett gedruckten Nomen.
Bestimme den Fall.

Das Handy ist neu.

____

Der Akku **des Handys** ist leer.

____

Dem Handy fehlt noch eine Schutzhülle.

____

Simon leiht **das Handy** seiner Schwester.

____

2 In welchem Fall stehen die unterstrichenen Nomen?

Elin und Tom wollen den Stromverbrauch des Laptops messen.

__________ __________ __________

Die Kinder benötigen dazu ein Strommessgerät.

__________ __________

Das Strommessgerät gehört Elins Opa.

__________ __________

 Diese Seite fand ich ◯ leicht ◯ mittel ◯ schwer

Strategien anwenden

1 Schreibe die verwandten Wörter richtig auf.
Ergänze dann links **ä** oder **äu**.

die F ___ ste ϟ ________________

er f ___ llt ϟ ________________

das Geb ___ de ϟ ________________

st ___ rker ϟ ________________

aufr ___ men ϟ ________________

2 Setze **b/p**, **g/k** oder **d/t** richtig ein.

Mila ü ___ t ihren Vortra ___ über erneuerbare Energien.

Mila ist schon sehr aufgere ___ t. Sie zei ___ t ihr Plakat Sami.

Sami findet das Thema spannen ___ und lo ___ t Ela.

Sie war sehr fleißi ___ und kann ihren Vortrag fast

auswendi ___ .

Diese Seite fand ich ○ leicht ○ mittel ○ schwer

Eine Geschichte weiterschreiben

1 Lies die Einleitung der Geschichte. Überlege dann, was sich in dem Geschenk verbirgt.

2 Schreibe den Hauptteil und den Schluss der Geschichte **in Stichworten** auf.

Jeden Morgen fliegt Olli eine große Runde über das Bootshaus. Als er zum Bootshaus zurückkehrt, entdeckt Olli ein großes Geschenk …

–

–

–

 Diese Seite fand ich ◯ leicht ◯ mittel ◯ schwer

Verschiedene Zeitformen

1 Ergänze die Tabelle.

Präsens	Präteritum	Perfekt
er zeigt		
	wir liefen	
		sie hat getrunken
	er aß	
sie schreibt		
		ich habe gelesen

2 Schreibe die Sätze im Futur auf.

Heute laufen Ela und Sami zum Markt.
Ela trinkt einen frischen Orangensaft.
Sami isst einen süßen Apfel.

Dativobjekt und Akkusativobjekt

1 Bildet Sätze.

Sami	kauft	Naomi Fiete Oma	einen Knochen einen neuen Film einen bunten Schirm

2 Frage in den Sätzen nach dem Dativobjekt und Akkusativobjekt. Markiere in den passenden Farben.

Olli zeigt Mila und Milo einen Zaubertrick.

Ela schreibt Sami eine Einladung.

Den Kindern beantwortet Naomi viele Fragen.

3 Schreibe mit dem Verb **teilen** einen Satz mit Subjekt, Prädikat, Dativobjekt und Akkusativobjekt.

Das silbentrennende h

1 Finde verwandte Wörter, die dir helfen, das **h** hörbar zu machen.

der Kuhstall ↪ ______

das Schuhregal ↪ ______

der Gehweg ↪ ______

das Rehkitz ↪ ______

die Glühbirne ↪ ______

2 Überlege, wo ein **h** fehlt. Setze passend ein.
Achtung: An zwei Stellen musst du kein **h** einsetzen.

Naomi lei☐t Emil und Sami ein Zelt. Schnell bau☐t Sami das Zelt auf. Als das Zelt endlich ste☐t, we☐t der Wind plötzlich kräftig. Eine dunkle Wolke zie☐t heran und es dro☐t leider Regen. Schnell ge☐t Sami mit Emil ins Haus.

Ortsangaben und Zeitangaben

1 Ordne die Fragewörter richtig in die Tabelle ein.

Wo …? • Woher …? • Wie oft …? • Wann …?
Wohin …? • Wie lange …?

Fragen für **Ortsangaben**	Fragen für **Zeitangaben**

2 Frage in den Sätzen nach der Ortsangabe oder der Zeitangabe. Markiere in den passenden Farben.

In den Sommerferien besucht Lina ihre Oma.
Linas Oma wohnt in Spanien.
Jeden Tag machen sie einen Ausflug.
Am liebsten fährt Lina an den Strand.

3 Bilde einen Satz mit dieser Ortsangabe und Zeitangabe.

am Nachmittag   im Garten

Strategien anwenden (M)

1 Unterstreiche alle zehn Merkwörter.

Heute fahren Mila und Milo in den Zoo. Mila will zuerst die Delfine sehen. Milo interessiert sich für die vielen verschiedenen Vögel. In einem See entdeckt er sogar einen Flamingo. Eine ganz besondere Attraktion sind die Bären Anton und Bruno. Ihr Gehege befindet sich zwischen dem Gewächshaus und dem Haus der Tiger. Mila und Mila beobachten gespannt die Bären. Zum Abschluss machen sie noch ein Foto mit dem Smartphone.

2 Schreibe mit den Nomen aus **1** lustige Sätze.
Markiere die Merkwörter.

Diese Seite fand ich ◯ leicht ◯ mittel ◯ schwer

Strategien anwenden

1 Lies den Text. Überlege, wie die markierten Wörter richtig geschrieben werden. Male jeweils das passende Strategiezeichen darüber.

Senden	
An	eray@beispiel.de
Cc	
Betreff	Mein Schultag

Lieber Eray,

heute war ein ser aufregender Tag. In der dritten stunde hörten wir einen Feueralarm. Alle verließen schnell das Gebeude. Wir versammeltn uns auf dem Schulhof. Zum Glück war es nur ein Probealarm. Wie war dein Tak?

Viele Grüße
Mira

2 Schreibe den Fehlertext aus **1** richtig auf.

Einen Text überarbeiten

1 Lies den Bericht und bewerte mit der Checkliste.

Spannende Überschrift ☺ 😐 ☹
W-Fragen beantwortet ☺ 😐 ☹
Sachlich und informativ ☺ 😐 ☹
Satzanfänge abgewechselt ☺ 😐 ☹

Ein Schulfest

Unsere Klasse beteiligte sich am Schulfest. Wir bastelten Geldbörsen aus alten Getränkekartons und verkauften sie. Wir hatten viele Kunden. Wir hatten alle Spaß, nur Uwe war beleidigt. Das eingenommene Geld spendeten wir für Kinder in Not.

2 Markiere in **1** drei Stellen, die du überarbeiten möchtest. Schreibe sie verbessert auf.

Vorlagen zum Führen individueller Kompetenzgespräche

Hier schreibst du zusammen mit deiner Lehrerin oder deinem Lehrer auf, was du schon kannst.

Das kann ich schon		Datum	Anmerkungen
Ich kenne und beachte unsere Gesprächsregeln.	○		
Ich kann aufmerksam zuhören und frage nach, wenn ich etwas nicht verstanden habe.	○		
Ich beteilige mich an Gesprächen und bringe eigene Ideen und Wünsche ein.	○		
Ich spreche laut und deutlich. Ich achte auf meinen Tonfall.	○		
Ich kann mit meinem Gesicht, meiner Stimme und meinem Körper etwas ausdrücken.	○		
Ich kann über meine Gefühle sprechen und auf die Gefühle anderer reagieren.	○		
Ich kann Fragen zu einem Thema stellen und beantworten.	○		
Ich kann verständlich von Erlebnissen erzählen und diese beschreiben.	○		
Ich kann meine eigene Meinung äußern und begründen.	○		
Ich kann mit anderen diskutieren und nach Lösungen suchen.	○		
Ich kann sagen, was ich in einem Kapitel gelernt habe.	○		
Ich kann im Rollenspiel verschiedene Rollen spielen.	○		
Ich kann Wünsche formulieren und begründen.	○		

Texte verfassen

Das kann ich schon	Datum	Anmerkungen
Ich kann eigene Texte schreiben, z. B. über Erlebnisse. ◯		
Ich kenne den Aufbau von Geschichten. ◯		
Ich kann von Ereignissen berichten. ◯		
Ich kann zu Bildern oder anderen Anregungen schreiben. ◯		
Ich kann Informationen in Texten finden und aufschreiben. ◯		
Ich kann in verschiedenen Medien Informationen sammeln. ◯		
Ich kann eine Geschichte schreiben oder weiterschreiben. ◯		
Ich kann Argumente sammeln. ◯		
Ich kann einen formalen Brief schreiben. ◯		
Ich kann in einem Text argumentieren. ◯		
Ich kann Texte vortragen und dabei auf die Betonung achten. ◯		
Ich kann Wörter sammeln und damit eine Geschichte schreiben. ◯		
Ich verwende wörtliche Rede in meinen Texten. ◯		
Ich kann meine Texte überarbeiten. ◯		
Ich kann ein Buch auswählen und anderen vorstellen. ◯		
Ich kann eigene Ideen entwickeln und aufschreiben. ◯		
Ich kann einen Text in eigenen Worten nacherzählen. ◯		
Ich kann ein Plakat gestalten. ◯		

Das kann ich schon		Datum	Anmerkungen
Ich weiß, dass Nomen Artikel haben und kenne die bestimmten und die unbestimmten Artikel.	◯		
Ich weiß, dass es Nomen in der Einzahl und der Mehrzahl gibt.	◯		
Ich kann zusammengesetzte Nomen bilden und zerlegen.	◯		
Ich weiß, dass Wörter mit -heit, -keit, -nis, und -ung Nomen sind.	◯		
Ich weiß, dass Nomen in den vier Fällen stehen können (Nominativ, Genitiv, Dativ, Akkusativ), und finde sie durch Fragen.	◯		
Ich kenne Verben in der Grundform und in den Personalformen.	◯		
Ich kenne die Zeitformen von Verben: Präsens, Präteritum, Perfekt, Futur	◯		
Ich kenne Adjektive in der Grundform und in der 1. und 2. Vergleichsstufe.	◯		
Ich kann Satzarten unterscheiden und setze die passenden Satzschlusszeichen.	◯		
Ich erkenne Satzglieder und kann Sätze umstellen.	◯		
Ich erkenne Satzglieder und kann Sätze umstellen.	◯		
Ich kann nach dem Subjekt im Satz fragen und erkenne das Subjekt.	◯		
Ich kann nach dem Prädikat im Satz fragen und erkenne das Prädikat, auch zweiteilige Prädikate.	◯		
Ich erkenne durch Fragen das Dativ- und Akkusativobjekt im Satz.	◯		
Ich kenne die wörtliche Rede und kann die Redezeichen richtig setzen.	◯		

Richtig schreiben

Das kann ich schon	Datum	Anmerkungen
Ich erkenne durch Fragen die Orts- und Zeitangabe im Satz.		
Ich kann Wörter in Silben gliedern.		
Ich weiß, dass in jeder Silbe ein Selbstlaut, Zwielaut oder Umlaut steckt.		
Ich kann lange und kurze Selbstlaute unterscheiden.		
Ich erkenne Wörter mit doppelten Mitlauten und schreibe sie richtig.		
Ich erkenne Wörter mit silbentrennendem **h** und schreibe verwandte Wörter mit h.		
Ich schreibe Nomen und Satzanfänge groß.		
Ich kann Wörter in der Wörterliste oder einem Wörterbuch finden.		
Ich kann Wörter ableiten und herausfinden, ob sie mit **ä** oder **äu** geschrieben werden.		
Ich kann Wörter verlängern und herausfinden, ob sie mit **d**, **b** oder **g** geschrieben werden.		
Ich kenne Merkwörter mit **chs**, **cks**, **ks** und **x**.		
Ich kenne Merkwörter mit langem **i**.		
Ich kenne die kleinen Merkwörter und schreibe sie richtig.		
Ich erkenne, wann ich welche Rechtschreibstrategie anwenden muss:		

Deutsch mit Olli 4

Das kann ich schon – mit Vorlagen zu Kompetenzgesprächen

Erarbeitet von: Christine Kröner, Heidrun Rebenstorff

Redaktion: Anna Koltermann, Andrea Siebert

Illustration: Christian Bartz, Petra Eimer (Papagei Olli)

Umschlaggestaltung: Corinna Babylon und Jule Kienecker, Berlin

Layoutkonzept: Cornelia Gründer, Corngreen GmbH, Leipzig

Technische Umsetzung: Reemers Publishing Services GmbH, Krefeld

Dieses Heft ist Bestandteil des Sprachbuchs Deutsch mit Olli 4 (ISBN 978-3-464-80254-0) und nicht einzeln bestellbar. Es kann im 10er-Pack nachbestellt werden (978-3-464-80753-8).

Strategien

Wörter in Silben gliedern

Ich spreche und schreibe das Wort Silbe für Silbe.
Am Ende überprüfe ich, ob jede Silbe
einen Selbstlaut, Umlaut oder Zwielaut enthält.
Kapitän, Bausteine, schwimmen

Seite 110

Wörter großschreiben

Nomen und **Satzanfänge** schreibe ich **groß**.
der **L**ehrer, die **B**lume, das **G**lück, die **I**dee
Deutschland, das **R**ote **R**athaus, der **G**roße **W**agen
Der kleine **H**und liebt das neue **F**utter.

Seite 110

Wörter ableiten

Ich schreibe ein Wort mit **Ä/ä** oder **Äu/äu**, wenn es dazu
ein verwandtes Wort mit **A/a** oder **Au/au** gibt:
die **Ä**ste ↯ der **A**st, der J**ä**ger ↯ j**a**gen,
die B**äu**me ↯ der B**au**m, der K**äu**fer ↯ k**au**fen

Seite 110

Wörter verlängern

Wenn ich nicht weiß, ob ich ein Wort am Ende
mit **b/p**, **d/t** oder **g/k** schreibe, verlängere ich das Wort.
der Hun**d** ↪ viele Hun**d**e, der Ta**g** ↪ viele Ta**g**e;
lie**b** ↪ viele lie**b**e Kinder, run**d** ↪ viele run**d**e Kastanien;
sie sa**g**t ↪ sa**g**en, es gi**b**t ↪ ge**b**en

Seite 110

Merkwörter

Bei manchen Wörtern hilft keine Rechtschreib-Strategie.
Diese Wörter muss ich mir gut merken.
die **V**ase, **v**ier, **v**ergessen; za**h**m, me**h**r, der So**h**n, die U**h**r;
die Erdb**ee**re, das H**aa**r, der Z**oo**; der Fu**chs**, se**chs**, wa**chs**en;
der Ke**ks**; der Kle**cks**, du schlu**ck**st; bo**x**en, die Ni**x**e;
als, man, ob, und; der H**ai**, der M**ai**, der M**ai**s;
der T**i**ger, die Masch**i**ne, das K**i**no

Seite 111

Sätze und Satzglieder

Mit **Konjunktionen** (Bindewörtern) kann ich zwei Sätze zusammenfügen.
Die beiden Sätze werden durch ein Komma getrennt.
Sami freut sich, **denn** der neue Spielplatz ist super.
Seite 43

Wörtliche Rede nennt man, was gesprochen wird.
Die wörtliche Rede steht in **Redezeichen**.
„Weißt du, was ein Sketch ist?"
Der Redebegleitsatz zeigt an, wer spricht.
Nach dem Redebegleitsatz steht ein Doppelpunkt.

Ela sagt: „Jetzt haben wir alles."
Redebegleitsatz — wörtliche Rede

Seiten 8, 52

Der **Redebegleitsatz** kann vor, hinter oder zwischen der wörtlichen Rede stehen.
Vor dem nachgestellten Redebegleitsatz steht ein Komma.
„Ich gehe heute mit Oma ins Schwimmbad", **sagt Milo**.
Der eingeschobene Redebegleitsatz wird mit
Kommas von der wörtlichen Rede getrennt.
„Oh ja", **ruft Arno begeistert**, „ich liebe Pizza!"
Seiten 52/53

Sätze bestehen aus einzelnen Teilen. Diese Teile heißen
Satzglieder. **Subjekt** und **Prädikat** sind Satzglieder.
Das **Prädikat** antwortet auf die Frage **„Was tut ...?"**.
Was tut der Zauberer? Der Zauberer **zaubert**.
Das **Subjekt** antwortet auf die Frage **„Wer oder was** tut etwas **...?"**.
Der Zwerg sammelt Beeren im Wald.
Wer oder was sammelt Beeren im Wald? → **der Zwerg**
Seiten 40/41

Das **Dativobjekt** (3. Fall) und Das **Akkusativobjekt** (4. Fall) sind Satzglieder.
Das **Dativobjekt** (3. Fall) antwortet auf die Frage **„Wem ...?"**.
Das Buch gehört Mila. **Wem** gehört das Buch? → **Mila**
Das **Akkusativobjekt** (4. Fall) antwortet auf die Frage **„Wen oder was ...?"**.
Mila mag ihre Oma. **Wen oder was** mag Mila? → **ihre Oma**
Seiten 88/89

Ortsangaben und **Zeitangaben** sind Satzglieder.
Die **Ortsangabe** antwortet auf die Fragen **Wo ...?**, **Wohin ...?** oder **Woher ...?**".
Gestern verkauften die Kinder **vor der Schule** Kuchen.
Wo verkauften Kinder Kuchen? → **vor der Schule**
Die **Zeitangabe** antwortet auf die Fragen **Wann ...?**, **Wie lange ...?** oder **Wie oft ...?**".
Gestern verkauften die Kinder Kuchen.
Wann verkauften Kinder Kuchen? → **gestern**
Seiten 100/101

Pronomen

Die Wörter **ich, du, er, sie, es, wir, ihr** und **sie** sind **Pronomen**.
Pronomen können Nomen ersetzen.
Ela hält einen Vortrag. **Sie** hält einen Vortrag. Seiten 6/7

Verben

Verben sagen, was Menschen, Tiere Pflanzen oder Dinge tun oder was geschieht.
sammeln, basteln, regnen
Verben verändern sich, je nachdem, wer was tut. Verben können in der **Grundform** oder in einer **Personalform** stehen.
Seiten 6/7

spielen

ich spie**le**
du spiel**st**
er/sie/es spiel**t**
wir spiel**en**
ihr spiel**t**
sie spiel**en**

Verben sagen, in welcher Zeit etwas passiert.
Das **Präsens** (die Gegenwart) verwende ich, wenn etwas jetzt passiert.
Das **Präteritum** verwende ich, wenn ich über frühere Ereignisse **schreibe**.
Heute **haben** Fahrräder Ketten. Früher **hatten** Fahrräder keine Ketten. Seite 16

Das **Perfekt** verwende ich, wenn ich von früheren Ereignissen **erzähle**.
Im Perfekt braucht das Verb ein Hilfsverb (**haben** oder **sein**).
Ich **habe** ein Eis **gegessen**. Seite 17

Das **Futur** benutze ich, wenn ich etwas plane oder vermute, was in der Zukunft passieren wird.
Für die Bildung des Futurs brauche ich die Personalform von **werden** und die Grundform des Verbs.
Ich **werde** als Rennfahrerin **arbeiten**. Morgen **wird** es **regnen**. Seite 76

Adjektive

Adjektive sagen, wie etwas ist: groß, weich, grün
Mit Adjektiven kann ich genauer beschreiben.
Wie sind die Federn? Die Federn sind **weich**.
Steht ein Adjektiv vor einem Nomen, verändert sich die Endung.
groß – der groß**e** Bruder, ein groß**er** Bruder,
ein groß**es** Kind …
Seiten 6/7

Mit **Adjektiven** kann ich vergleichen. Dazu muss ich sie steigern.
Der Stift ist **klein**. Der Würfel ist **kleiner**.
Grundform — 1. Vergleichsstufe
Der Knopf ist **am kleinsten**.
2. Vergleichsstufe
Seite 29

Deutsch mit Olli 4

Meine Grammatikkarte

Nomen

Nomen (Substantive) sind Namen für Menschen, Tiere, Pflanzen und Dinge (= **konkrete Nomen**).
Nomen für Gefühle und Begriffe heißen **abstrakte Nomen**.
Nomen schreibe ich groß: das Kind, der Papagei, das Abenteuer, der Durst
Vor Nomen kann ich einen **Artikel** (Begleiter) schreiben.
Bestimmte Artikel sind **der**, **die** und **das**. **Unbestimmte Artikel** sind **ein** und **eine**.
der Stein – ein Stein, die Schere – eine Schere, das Papier – ein Papier
Artikelwörter (Begleiter) können dir helfen, ein Nomen zu erkennen.
Artikelwörter stehen nicht immer direkt vor dem Nomen.
Das Fahrrad hat eine große, blaue Klingel. Mein neuer Roller ist rot. Seiten 6/7, 20

Nomen (Substantive) kann ich mit Nomen, Verben oder Adjektiven zusammensetzen. Der Artikel richtet sich nach dem **Grundwort**.
das Glück + der Pilz = der Glücks**pilz** → Bestimmungswort
waschen + das Mittel = das Wasch**mittel** → **Grundwort**
blau + die Beere = die Blau**beere** Seite 78

An den Wortbausteinen **-heit**, **- keit**, **-nis** und **-ung** erkenne ich Nomen.
Mit diesen Wortbausteinen kann ich aus Adjektiven und Verben Nomen bilden. schön – die Schön**heit**, pünktlich – die Pünktlich**keit**, erleben – das Erleb**nis**, aufregen – die Aufreg**ung** Seite 19

Nomen verändern sich im Satz. Sie können in **vier verschiedenen Fällen** stehen. Nach den Fällen kann ich fragen:

Wer oder was …?	→ der Laptop	**1. Fall, Nominativ**
Wessen …?	→ des Laptops	**2. Fall, Genitiv**
Wem …?	→ dem Laptop	**3. Fall, Dativ**
Wen oder was …?	→ den Laptop	**4. Fall, Akkusativ**

Seite 64

220050485

Diese Grammatikkarte ist Bestandteil des Olli Sprachbuchs 4. Sie ist außerdem im 10er-Pack bestellbar (ISBN 9783464810927).
Illustrationen von Petra Eimer; Layoutkonzept: Cornelia Gründer, Corngreen GmbH, Leipzig;
Technische Umsetzung: Reemers Publishing Services GmbH, Krefeld

3 Findet die Stichworte, die zum Bericht in 1 passen.
Achtung, zwei Stichworte stimmen nicht.

- beantwortet die W-Fragen
- berichtet im Präsens
- erzählt in der Ich-Form
- beginnt spannend
- verwendet unterschiedliche Satzanfänge
- enthält sachliche und genaue Informationen
- berichtet im Präteritum
- hat eine passende Überschrift
- ist in Abschnitte gegliedert

4 Erstelle mit den richtigen Stichworten aus 3 eine Checkliste für den Bericht.

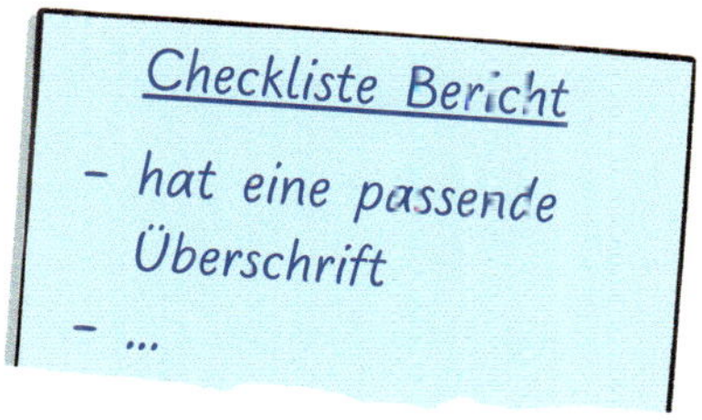

5 Schreibe einen Bericht für die Schülerzeitung oder eure Homepage.
Tipp: Schreibe am Computer, damit du leicht überarbeiten kannst.
Du kannst auch Bilder einfügen. 108

- Energiespar-Aktion im Schulhaus
- Klassenfest
- Aktion „Zu Fuß zur Schule“
- Kinder laufen für Kinder
- Unsere Projektwoche
- ...

6 Überprüfe deinen Bericht mit Hilfe der Checkliste.

7 Trefft euch in einer Schreibkonferenz.
Besprecht eure Berichte und überarbeitet sie.

Sammelt eure Berichte und andere Texte.
Erstellt damit ein Erinnerungsbuch.

passende Stichworte zur Textsorte „Bericht“ aufschreiben, eine Checkliste erstellen; einen Bericht schreiben und anhand von Schreibkriterien überprüfen; Schreibkonferenz: sich die Berichte gegenseitig vorlesen und Rückmeldungen geben; den eigenen Bericht überarbeiten

Die vier Fälle des Nomens

1 Lest die Sätze. Was ändert sich bei den fett gedruckten Nomen?

Der Laptop lässt sich nicht einschalten.
Das Kabel **des Laptops** ist nicht eingesteckt.
Dem Laptop fehlt der Strom.
Milo muss **den Laptop** aufladen.

Nomen verändern sich im Satz. Sie können in **vier verschiedenen Fällen** stehen. Nach den Fällen kann ich fragen:

Wer oder was ...?	→ der Laptop	**1. Fall, Nominativ**
Wessen ...?	→ des Laptops	**2. Fall, Genitiv**
Wem ...?	→ dem Laptop	**3. Fall, Dativ**
Wen oder was ...?	→ den Laptop	**4. Fall, Akkusativ**

2 Ordnet den Fragen die Antworten aus **1** zu.
Unterstreicht das Fragewort und die Antwort.
Wer oder was lässt sich nicht einschalten? Der Laptop lässt sich ...

Wer oder was lässt sich nicht einschalten?
Wessen Kabel ist nicht eingesteckt?
Wem fehlt der Strom?
Wen oder was muss Milo aufladen?

3 Frage nach den fett gedruckten Nomen. Bestimme den Fall.
Schreibe so: *Wer oder was leuchtet hell? → die Kerze (1. Fall, Nominativ)*

leuchtet hell? **Die Kerze** leuchtet hell.
Flamme flackert? Die Flamme **der Kerze** flackert.
sehen wir beim Brennen zu? Wir sehen **der Kerze** beim Brennen zu.
pustet Mila aus? Mila pustet **die Kerze** aus.

die vier Fälle des Nomens kennenlernen: nach Nominativ, Genitiv, Dativ, Akkusativ fragen und die Antworten aufschreiben
AH S. 54/55

4 Frage nach den fett gedruckten Nomen. Bestimme den Fall.
Schreibe so: *Wer oder was ist neu? → das Tablet (1. Fall, Nominativ)*

Das Tablet ist neu.
Der Bildschirm **des Tablets** ist glänzend.
Wir besorgen **dem Tablet** eine Hülle.
Simon benutzt **das Tablet** gern.

Der Artikel **das** verändert sich anders als **der** und **die**.

5 Frage nach den unterstrichenen Satzgliedern und bestimme die Fälle der Nomen. Schreibe wie in **4**. *1. Wer oder was gibt …*

Die Lehrerin gibt dem Schüler das Heft der Mitschülerin.

6 Schreibe die Tabelle ab. Markiere, was sich verändert.

	der	die	das
1. Fall, Nominativ	der Baum	…	…
…	…	…	…

	der	**die**	**das**
1. Fall, Nominativ	der Baum	die Tasche	das Buch
2. Fall, Genitiv	des Baumes	der Tasche	des Buches
3. Fall, Dativ	dem Baum	der Tasche	dem Buch
4. Fall, Akkusativ	den Baum	die Tasche	das Buch

7 Setzt die Nomen passend ein und bestimmt die Fälle der Nomen. Schreibt so:
Nachmittags spielt das Mädchen in … (1. Fall, Nominativ)

- Kühlschrank 
- Wäsche 
- Mädchen 

Nachmittags spielt ___ in seinem? Zimmer. Merles Vater hängt ___ auf. Die Mutter ___ gießt die Blumen auf dem Balkon. Plötzlich hört Merle ein Piepsen. Neugierig geht ___ in die Küche. Die Tür ___ steht leicht offen. ___ piepst laut. „___ ist es wohl zu warm geworden“, denkt Merle. Schnell schließt sie ___.

Wortstamm und Wortfamilie

1 Lest die Wörter. Was ist bei allen Wörtern gleich?

Wörter mit dem gleichen **Wortstamm** gehören zu einer **Wortfamilie**.
Manchmal verändert sich der Wortstamm in einer Wortfamilie.
laufen: weg**lauf**en, der **Läuf**er, sie **lief**en, …
schließen: ab**schließ**en, er **schließ**t, er **schloss**, …

2 Schreibe die Wörter aus **1** geordnet auf. Markiere den Wortstamm.

Nomen: die Läuferin, …
Verben: weglaufen, …
Adjektive: …

3 Im Text sind sieben Wörter einer Wortfamilie versteckt.
Schreibt den Text ab. Markiert die Wörter der gleichen Wortfamilie.

Es ist …

Es ist endlich so weit: Heute hält Mila einen Vortrag über erneuerbare Energien. Mila ist unendlich aufgeregt. Sie ist fast so aufgeregt wie vor dem Endspiel am vergangenen Wochenende. Ihr Team gewann das Spiel am Ende mit 2:0. Ihren Vortrag beendet Mila mit den Worten: „So könnte die Nutzung von Atomkraft enden."

Wortstamm und Wortfamilie: den Wortstamm und Veränderungen im Wortstamm erkennen; Wörter geordnet aufschreiben und den Wortstamm markieren
AH S. 56/57

4 Schreibt die Wörter der Wortfamilien **wählen** und **lachen** richtig auf. Markiert den Wortstamm.

Wortfamilie wählen: das Wahllokal, ...
Wortfamilie lachen: lächerlich, ...

das Wahllokal • der Wähler
wahlberechtigt • der Wahlkreis
verwählen • der Wahlhelfer

★erlich • aus★en • der ★anfall
★haft • der ★krampf
an★eln • die ★möwe • ★en

5 Findet zu den Wortstämmen möglichst viele Wörter.

Wortstamm Back/back: das Gebäck, backen, ...

Back/back

Schwimm/schwimm

Les/les

Kauf/kauf

6 Welche Wörter gehören zu einer Wortfamilie?
Schreibe auf und markiere den Wortstamm. *der Kranke, ...*
Achtung: Immer ein Wort passt nicht.

der Kranke	das Essen	abbiegen	sinken
kränklich	sie isst	die Biegung	der Sänger
der Krake	er ist	verbogen	singend
krank	gegessen	gebügelt	mitsingen

7 Begründe, warum **er ist** nicht zur Wortfamilie **essen** gehört.

Findet zu jeder Wortfamilie nur Wörter mit veränderten Wortstamm.

Wortfamilie schlafen: sie schläft, ...

schlafen • denken • fahren

Strategien anwenden

110

1 Schreibe die verwandten Wörter richtig auf.
Markiere **ä/a** und **äu/au**. *erkältet ϟ kalt, …*

erk★ltet • das Fr★lein • die L★nge
bl★lich • qu★len • die Sch★rfe
die D★cher • das R★tsel • j★hrlich

das Jahr • kalt • die Frau
scharf • blau • das Dach
die Qual • lang • raten

2 **b/p**, **d/t** oder **g/k**? Verlängere die Nomen und Adjektive.
Schreibe so: *Das Kind ist blond. → viele blonde Kinder, …*

Das Kin★ ist blon★. Das Ban★ ist bun★. Das Schil★ ist gel★.
Der Vorschla★ ist gu★. Der Erfol★ war riesi★.

3 **g** oder **k**? Verlängere die Verben und schreibe auf. *er sagt – sagen, …*

er sa★t • sie schwei★t • er schen★t • sie schlä★t • es wie★t

4 Schreibe den Text richtig auf.
Die Bäuerin schob …

Die B★erin scho★ die Vorh★nge zur Seite und blickte besor★t aus dem Fenster. Über dem Fel★ zo★ ein kr★ftiger Sturm auf. Die Windr★der drehten sich im Win★. Der Bauer schwie★ und blickte seine Frau an. Dann fra★te er:
„Glau★st du, es gi★t noch ein Gewitter?“

5 Überlegt, wie die Wörter geschrieben werden. Begründet. 112

der Schrei★tisch das Erge★nis empfin★lich die Gesun★heit

Strategien anwenden: „Wörter ableiten“ und „Wörter verlängern“; Wörter mit ä/a und äu/au richtig aufschreiben; Wörter mit b/p, d/t und g/k verlängern und richtig aufschreiben; einen Text richtig aufschreiben; Schreibweisen untersuchen und begründen

Strategien anwenden

110

1 Lest die Sätze. Erklärt die richtigen Schreibweisen.

Sonne, Wint und wasserkraft sind natürliche Energiequelln. Sie helfen, die Erderwermung zu ferlangsamen.

2 Schreibt den Fehlertext richtig auf.
Malt jeweils das passende Strategiezeichen darüber. Wir wollen …

Wir wolln unser Klima schützen. aus diesem Grunt ferwendet unsere schule nur noch grünen strom. Auserdem versuchn wir täklich, Energie zu sparen.

3 Würfele und ziehe vor. Erkläre die richtige Schreibweise.
Weißt du keine passende Strategie, gehe zurück zum Start.

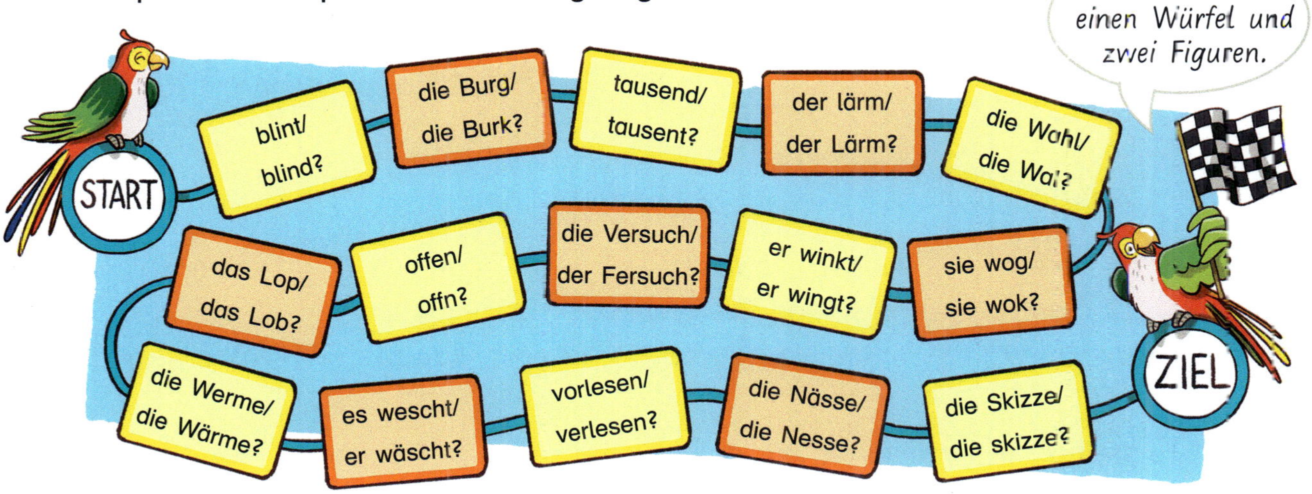

Strategien anwenden: „Wörter in Silben gliedern“, „Wörter großschreiben“, „Wörter ableiten“, „Wörter verlängern“, „Merkwörter“; Schreibweisen untersuchen und begründen, Texte rechtschriftlich überarbeiten; die Anwendung von Strategien spielerisch üben

Meine Trainingsseiten

1 Lies den Text. Welche Buchstaben fehlen?

Die Kinder wollen am Bootshaus Strom mit erneuerbaren Energien erzeugen. Milo schlä★t vor, mit einem Fahrra★ Strom zu gewinnen. „Das ist aber ganz schön anstrengen★!“, befürchtet Emil. „Lasst uns doch den Win★ am See nutzen“, sa★t Sami. **Mila findet den Vorschlag großartig.** Ihr Vater ist Ingenieur. Bestimmt weiß er, wie man eine Mini-Windkraftanlage baut.

2 Schreibe den Text richtig auf. Setze die fehlenden Buchstaben ein. *Die Kinder …*

3 Frage nach den unterstrichenen Satzgliedern. Bestimme die Fälle. *Wer oder was zeichnet …*
Der Vater zeichnet Mila das Modell eines Windrades.

4 Ordne die Wörter nach den Wortfamilien. Finde weitere Beispiele. *laut, …*

laut	verliebt	Liebesbrief
läuten	Lautsprecher	Liebling

LERNWÖRTER

die Sonne	fließen, es fließt	dunkel	erstens
der Tipp	gewinnen, sie gewinnt	grün	fast
das Wasser	sparen, er spart	kaputt	schon

Schreibe die Lernwörter mit dem Finger auf den Rücken deines Partners.

einen Übungstext abschreiben und Wörter mit b/p, d/t und g/k am Ende verlängern; nach Nomen fragen; den Fall des Nomens bestimmen; Wörter nach ihren Wortfamilien ordnen; einen Übungssatz untersuchen: Stolperstellen markieren, Strategien anwenden, Nomen, Verben und Adjektive erkennen; Gemeinsamkeiten von Sprachen entdecken; Lernwörter üben: auf den Rücken schreiben

Quer durch das Kapitel

Beantworte die Fragen in ganzen Sätzen.
Schreibe die Antworten in dein Heft.
a) Im Bootshaus ...

a) Was fehlt im Bootshaus?

b) Was muss Milo aufladen?

c) In welcher Zeitform schreibst du einen Bericht?

d) Was benutzt Emil auf Seite 60?

e) Welche Haarfarbe hat das Kind auf Seite 68?

f) Welche drei Wörter sind deine Lieblingswörter aus dem Kapitel?

g) Welcher Text oder welches Bild hat dir am besten gefallen?

Das haben wir gelernt

Dieses Thema habe ich nicht verstanden ...

Kannst du mir erklären, was eine Wortfamilie ist?

Wie frage ich nochmal nach dem 3. Fall?

Im Rechtschreiben bin ich richtig vorangekommen, weil ...

Ich würde gerne einen Bericht schreiben über ...

Fragen zum Kapitel beantworten; über Gelerntes nachdenken/reflektieren, verständlich sprechen und erklären, Fragen stellen, wenn man etwas nicht verstanden hat

Wünsche und Träume

1. Was sehen die Kinder am Himmel?
Warum wünscht sich Ela etwas?

2. Hast du schon einmal eine Sternschnuppe am Himmel gesehen?
Wann und wo war das?

3. Was wünschst du dir für deine Zukunft?
Was wird für dich im nächsten Jahr anders sein als heute?

Recherchiere: Wie entsteht eine Sternschnuppe?
Präsentiere dein Ergebnis. 114

über Wünsche und Träume sprechen; Wörter zum Bild sammeln, den Wortschatz erweitern; eigene Erfahrungen und Ideen einbringen und sich zu Gedanken anderer äußern; sich zu einem Thema informieren

Ein Interview führen

1 Mila führt ein Interview mit Matteo. Was ist ein Interview? Hast du schon einmal jemanden interviewt?

2 Lies die Fragen. Überlege dir, was du antworten würdest.

1. Was ist deine Lieblingsfarbe?
2. Was isst du am liebsten?
3. Was ist dein Lieblingstier?
4. An welchem Ort fühlst du dich wohl?
5. Worüber lacht deine beste Freundin oder dein bester Freund?
6. Welchen Beruf möchtest du später ausüben?

3 Stellt euch gegenseitig die Fragen aus **2**. Notiert eure Antworten.

1. Die Lieblingsfarbe ist …

4 Wen möchtet ihr interviewen? Schreibt eure Fragen an die Person auf.

1. Wie lautet dein/Ihr vollständiger Name?
2. …

Oma/Opa | Nachbar/Nachbarin | Lieblingslehrer/Lieblingslehrerin | Politiker/Politikerin | Sportler/Sportlerin | …

Führt ein Interview und nehmt es auf.

Eine Geschichte überarbeiten

1 Sieh dir das Cover an. Lies den Anfang und wie Emil die Geschichte fortgesetzt hat.

Der Tresor

Keiner aus seiner Gegend war je so weit gekommen. Was er tat, war lebensgefährlich, das wusste er. Doch immer, wenn ihm schwindlig wurde, öffnete er den Tresor ... Andreas Röckener

Im Tresor lagen ein Eisblock und viele Schneebälle.
Die Sonne ⋁ sehr stark und der Schneemann schwitzte ⋁
sehr stark. Er verlor so viel Schmelzwasser, dass ihm Wh
immer schwindliger wurde. Er sagte sich: „Ich halte es nicht
mehr aus. Mir ist so heiß!" Er öffnete den Tresor Wh
und schmiss sich eine Weile auf den Eisblock. A
Alles war wieder supi. Der Eisblock gibt ihm genügend Kälte. A, Z
Dann ließ sein Schwindel nach. Dann setzte der Schneemann Wh
seinen Weg fort. Nach einiger Zeit kommt er an seinem Z
Ziel an. Es war ⋁ Treffen der Familie Schnee. ⋁

2 Seht euch die Korrekturzeichen und die Stellen im Text an, die korrigiert werden sollen.

Korrekturzeichen
- A Finde einen **Ausdruck**, der besser passt.
- ⋁ Hier fehlt ein **Wort**.
- Z Hier stimmt die **Zeitform** nicht.
- Wh Hier ist eine **Wiederholung**.

3 Überlegt, wie ihr die markierten Stellen in 1 verbessern könnt.

4 Schreibe die Geschichte verbessert auf. 108

Wenn mir kein anderer Satzanfang einfällt, stelle ich die Sätze um.

eine Geschichte lesen, Korrekturzeichen kennen und nutzen;
eine Geschichte (rechtschriftlich) überarbeiten und verbessert aufschreiben

Eine Geschichte weiterschreiben

1 Sieh dir das Bild an.
Lies den Anfang der Geschichte.

Die Zeitmaschine

Endlich war die Zeitmaschine fertig!
Nicht mehr lange und sie würden starten.
Auch auf das Ziel hatten sich alle bereits geeinigt … *Andreas Röckener*

2 Wie könnte die Geschichte aus 1 weitergehen?
Sammelt eure Ideen und Gedanken in einer Mindmap.

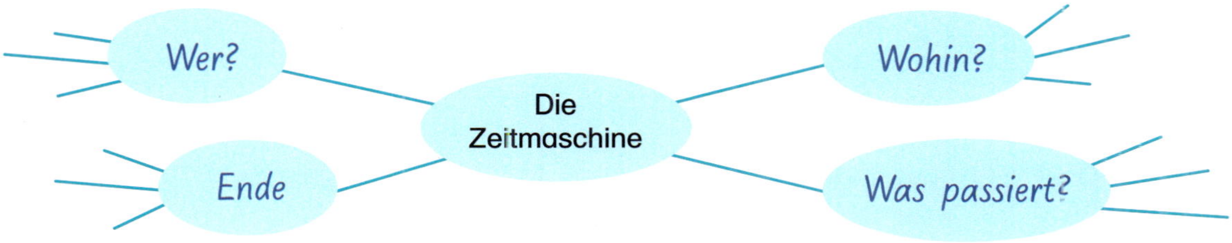

3 Plane den Hauptteil und den Schluss der Geschichte.

4 Schreibe deine Geschichte im Präteritum auf.
Tipp: Gib deinen Figuren einen Namen.

5 Überarbeite deine Geschichte.
Nutze die Korrekturzeichen.

6 Lest euch eure Geschichten gegenseitig vor. Gebt euch Rückmeldungen.

eine Geschichte planen und weiterschreiben; Einleitung, Hauptteil und Schluss kennen;
seine Geschichte überarbeiten; sich die Geschichten gegenseitig vorlesen und Rückmeldungen geben

Das Futur

1 Worüber sprechen die Kinder?
Was wünschen sie sich für ihre Zukunft?

2 Schreibe Sätze zu den Bildern in **1**.
Selma sagt: „Wenn ich erwachsen bin, werde ich als ...

Das **Futur** benutze ich, wenn ich etwas plane oder vermute, was in der Zukunft passieren wird.
Für die Bildung des Futurs brauche ich die Personalform von **werden** und die Grundform des Verbs.
Ich **werde** als Rennfahrerin **arbeiten**. Morgen **wird** es **regnen**.

3 Setze die Sätze vom Präsens ins Futur. Schreibe jeweils beide Sätze auf.
Heute kaufe ich einen Kompass. Morgen werde ich ...

Heute kaufe ich einen Kompass.
Heute lernst du viel.
Heute läutet er die Glocke.
Heute liest sie ein ganzes Buch.

Heute regnet es.
Heute feiern wir ein Fest.
Heute informiert ihr euch über Berufe.
Heute spielen sie Basketball.

4 Was planst du für die Zukunft?
Schreibe im Futur.
Morgen werde ich ...

über Berufswünsche sprechen; das Futur kennenlernen; Sätze im Präsens und im Futur aufschreiben; eigene Sätze im Futur schreiben (über sich selbst schreiben)

AH S. 62/63

Zeitformen von Verben kennen

1 Welche Zeitformen kennt ihr?

2 Erstelle eine Tabelle. Ordne die Verben richtig ein.

Präteritum	*Perfekt*	*Präsens*	*Futur*
du ranntest	*du bist gerannt*	*du rennst*	*du wirst ...*
...	*...*	*...*	*...*

du wirst rennen	du rennst	ich habe gefroren	du ranntest
ihr seid gelaufen	ihr lieft	ihr werdet laufen	er wusch
du bist gerannt	er wäscht	ich werde frieren	ihr lauft
er wird waschen	ich fror	er hat gewaschen	ich friere

3 Bildet möglichst viele lustige Sätze.

Die Klasse	mixen	fast fehlerfrei
Olli	ordnen	einen grünen Salat
Fiete	schütteln	hundert hübsche Flöten
Oma	retten	die traurigen Teddys
Die Kinder	gewinnen	heimlich

4 Schreibt Sätze aus **3** in allen vier Zeitformen auf.

Die Klasse rettet ... *Die Klasse hat ... gerettet.*

Die Klasse rettete ... *Die Klasse wird ... retten.*

5 Schreibe alle Personalformen von **sein** im Präsens, Präteritum, Perfekt und Futur auf.

Präsens: ich bin, du ...

Präteritum: ich war, du ...

Perfekt: ich bin gewesen, du ...

Futur: ich werde sein, du ...

Zusammengesetzte Nomen Aa

1 Lies Ollis Berufswunsch. Finde alle zusammengesetzten Nomen.

Später werde ich als Seemann auf einem Segelschiff arbeiten. Morgens werde ich mir im Meer ein paar Leckerbissen angeln. Mittags werde ich Pellkartoffeln mit Backfisch und abends Krabbensalat essen. Nach dem Abendessen werde ich in einer Hängematte liegen und mit meinem Fernglas den Sternenhimmel beobachten.

Nomen (Substantive) kann ich mit Nomen, Verben oder Adjektiven zusammensetzen. Der Artikel richtet sich nach dem **Grundwort**.
das Glück + der Pilz = der Glücks**pilz** → Bestimmungswort
waschen + das Mittel = das Wasch**mittel** → **Grundwort**
blau + die Beere = die Blau**beere**

Manchmal fällt ein Buchstabe weg oder Buchstaben kommen dazu.

2 Zerlege die zusammengesetzten Nomen aus **1**. Markiere das Grundwort.
der Seemann = die See + der Mann, das …

3 Bildet zusammengesetzte Nomen. Schreibt sie mit Artikel auf.
die Glasflasche, …

das Glas
das Plastik
die Schule

kleben
reisen
trinken

bunt
klein
kühl

\+

die Flasche
der Bus • das Geld
der Schrank
das Kind • der Stift
die Tasche

4 Warum heißt es **das** Würfelspiel und **der** Spielwürfel? Begründet.

zusammengesetzte Nomen im Text finden (Nomen + Nomen, Verb + Nomen und Adjektiv + Nomen); zusammengesetzte Nomen aufschreiben und zerlegen; zusammengesetzte Nomen bilden; über Schreibweisen/Grammatik sprechen und begründen

AH S. 66/67

Wörter sinnvoll und richtig trennen

1 Seht euch an, wie die Wörter getrennt wurden.
Was fällt euch auf?

der Eisver-	der Eis-	die Verkehrspo-	die Verkehrs-
käufer	verkäufer	lizistin	polizistin

2 Trenne die Wörter sinnvoll.
Schreibe sie mit Trennstrichen auf.
die Tier-ärztin, der …

- Tierärztin
- Postbote
- Schauspieler
- Bademeisterin
- Busfahrerin
- Dachdecker
- Zeitungsverkäufer
- Hubschrauberpilotin

3 Erinnert euch an weitere Trennregeln. Trennt die Wörter so oft wie möglich. *imp-fen, …*

Oma | la-chen | wa-schen | Da-ckel | Töp-fe | set-zen

impfen • schützen • schicken
die Wäsche • versuchen
die Pyramide • der Schnupfen
die Dusche • die Ananas

quietschen • drücken • rühren
das Geheimnis • der Zylinder
der Uropa • der Schneemann
die Impfung • die Schatzsuche

4 Sucht lange Wörter in der Wörterliste. Schreibt sie auf Karten. Dein Partnerkind muss die Wörter mit Trennstrichen schreiben. Überprüft gemeinsam.

Blättere in deinen Heften zurück. Wo entdeckst du Wörter am Zeilenende, die du nicht oder falsch getrennt hast? Verbessere.

Wörter mit Doppel-s und ß

1 Sprecht deutlich. Bei welchen Wörtern klingt der betonte Selbstlaut lang? Bei welchen Wörtern klingt er kurz?

2 Schreibe die Wörter aus **1** geordnet auf. Schreibe so:

ss: der Pass, ...
ß: die Soße, ...

3 Löst die Rätsel. Schreibt die Sätze richtig auf.

a) Das Gegenteil von ...

a) Das Gegenteil von drinnen ist ___.
b) Bitte ___ nächstes Mal besser auf!
c) Der Hai hat auf dem Rücken eine große ___.
d) Seen, Flüsse und Bäche nennt man auch ___.
e) Wechsle bitte deine ___ Kleidung!

Gewä★er
drau★en • pa★
Flo★e • na★e

4 Schreibe die Verben im Präsens und Präteritum auf. Kontrolliere mit der Wörterliste. Schreibe so:

beißen, er beißt, er biss; gießen, ...

beißen • fließen • fressen • gießen • lassen • messen • vergessen

lange und kurze Selbstlaute unterscheiden, Wörter mit ss und ß geordnet aufschreiben;
Wörter mit ss und ß in einen Text einsetzen; unregelmäßige Verben im Präsens und Präteritum aufschreiben

AH S. 70/71

Doppelter Mitlaut am Wortstammende

1 Welchen Fehler hat Mila gemacht?
Wie kann ihr das Strategiezeichen helfen?

Doppelte Mitlaute (Konsonanten) folgen nur nach einem kurzen Selbstlaut. Wenn ich nicht weiß, ob ein Wort mit doppeltem Mitlaut geschrieben wird, verlängere ich das Wort.
sie rennt ↝ rennen, du sollst ↝ sollen, er trifft ↝ treffen

2 Verlängere die Verben. Markiere den doppelten Mitlaut und den kurzen Selbstlaut davor. *er schwimmt ↝ schwimmen, ...*

er schwi★t • du begi★st • ihr kö★t • sie lä★t • ihr mü★t • du so★st

3 Schreibe den Text richtig auf. *Gleich beginnt ...*

Gleich **begi★t** Milos Wettkampf. Am Beckenrand **tri★t** Sami Mila. Dann geht es los.
Mila **brü★t**: „Das **scha★st** du, Milo!"
„Milo **gewi★t!**", jubelt Sami. Er **kü★t** Mila vor Freude auf die Wange.

4 Überlegt, wie die Wörter geschrieben werden. Begründet. 112

der Schwi★lehrer die Re★fahrerin die Ro★schuhe

Meine Trainingsseiten

1 Lies den Text. Was sehen die Kinder am Himmel?

Ela und **Sami beobachten** den **schönen Nachthimmel**. Sie versuchen Sternbilder zu erkennen. Sami erklärt: „Sternbilder sind Muster, um sich bei den Millionen von Sternen zurechtzufinden.“ Ela antwortet daraufhin: „Ich versuche im Kopf Linien zwischen den Sternen zu ziehen, dann entdecke ich ganz viele!“ „Ich sehe manchmal Tierbilder, Fabelwesen und noch viel mehr am Himmelszelt“, sagt Sami.

2 Schreibe den Text ab. Denke an die Trennregeln. *Ela und Sami beobachten …*

3 Finde die zusammengesetzten Nomen im Text.
der Nachthimmel = die Nacht + …

4 Schreibe den Trainingssatz in einer anderen Zeitform auf.
Ela und Sami …

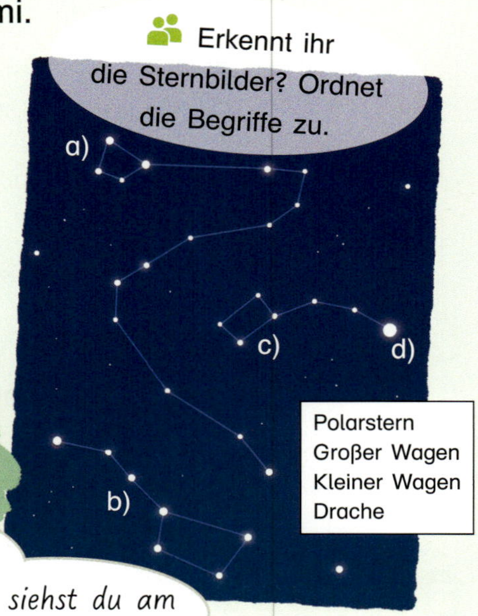

LERNWÖRTER

der Himmel	hoffen, er hofft	groß	außerdem
das Interview	lassen, sie lässt	spät	vielleicht
der Spaß	sollen, es soll	weiß	weiter
der Stern	vermissen, sie vermisst		

Schreibe die Lernwörter mit Trennstrichen am Computer oder Tablet.

einen Übungstext abschreiben und Trennregeln anwenden; zusammengesetzte Nomen finden; den Übungssatz in einer anderen Zeitform schreiben; einen Übungssatz untersuchen: Stolperstellen markieren, Strategien anwenden, Nomen, Verben und Adjektive erkennen; über die Bedeutung von Wörtern sprechen Lernwörter üben: am Computer oder Tablet schreiben

Quer durch das Kapitel

Beantworte die Fragen in ganzen Sätzen.
Schreibe die Antworten in dein Heft.

a) Ela sieht ...

a) Was sieht Ela am Himmel?

b) Mit wem führt Mila ein Interview?

c) Was will Olli abends essen?

d) Das Korrekturzeichen **Wh** bedeutet ...

e) Naomi will später ... werden.

f) Welche drei Wörter sind deine Lieblingswörter aus dem Kapitel?

g) Welcher Text oder welches Bild hat dir am besten gefallen?

Das haben wir gelernt

Besondere Freude gemacht hat mir ...

*Wo kann ich das Wort **Rennfahrer** trennen?*

*Diese Wörter mit **ss** und **ß** habe ich mir gemerkt: ...*

Tipps für eine gute Geschichte sind ...

Das Futur ...

Fragen zum Kapitel beantworten; über Gelerntes nachdenken/reflektieren, verständlich sprechen und erklären, Fragen stellen, wenn man etwas nicht verstanden hat

Entspannung und Freizeit

1. Was tun die Kinder? Wie entspannen sie sich?
2. Wie entspannst du dich? Was hilft dir dabei?
3. Warum sind Bewegung und Entspannung so wichtig? Tauscht euch aus.

Überlegt, was ihr in der Klasse tun könnt, um zu entspannen.

über Entspannung und Freizeit sprechen; Wörter zum Bild sammeln, den Wortschatz erweitern; eigene Erfahrungen und Ideen einbringen und sich zu Gedanken anderer äußern; Vermutungen äußern und begründen

Über Bücher sprechen

1 Sieh dir die Cover an. Ordne jedem Buch den passenden Begriff zu.

Sachbuch • Kinderroman • Sagenbuch • Bilderbuch

2 Welches Buch aus **1** würdest du gern lesen? Begründe.

3 Hör dir den Text über eines der Bücher aus **1** an. 115

4 Lies die Fragen. Was kannst du schon beantworten?

a) Wie heißt das Buch?
b) Wer hat das Buch geschrieben?
c) Wer hat das Buch illustriert?
d) In welchem Verlag ist das Buch erschienen?
e) Wie heißt die Hauptfigur des Buches?
f) Wovon handelt das Buch?
g) Für wen ist das Buch geeignet?

5 Hör dir den Text ein zweites Mal an.
Beantworte dann die Fragen in Stichworten.

a) ... b) ...

über verschiedene Bücher / Kinderliteratur sprechen; einen Hörtext hören und Fragen zum Text beantworten;
Hörtexte können über die kostenlose BuchTaucher-App abgespielt werden; Audio-Dateien bzw. Transkription s. a. Handreichungen für den Unterricht und Unterrichtsmanager

Eine Buchvorstellung aufnehmen

1 Lies den Text zu Samis Buchvorstellung.

Ich bin *Sami*. Heute stelle ich euch das Buch *School of Talents* vor. Das Buch habe ich ausgesucht, weil *das Titelbild so lustig aussieht*.
Die Autorin ist *Silke Schellhammer*.
Die Bilder hat *Simona M. Ceccarelli* gemalt.
Das Buch ist *ein Kinderroman* und ist im *Carlsen Verlag* erschienen.
In dem Buch geht es um *das Mädchen Alva, das eine besondere Fähigkeit hat. Sie kann Tiere verstehen. Auf dem Internat Nebelfels lernt sie andere Kinder mit besonderen Talenten kennen. Zusammen wollen sie einen geheimnisvollen Schatz finden*.
Das Buch ist geeignet für Kinder, die gern *viel* lesen.
Ich möchte ergänzen, *dass es noch weitere Ausgaben der Buchreihe gibt*.

2 Bereite eine Buchvorstellung wie in Samis Beispiel vor.

So geht es:
1. Wähle in der Bücherei ein Buch aus. Lies das Buch.
2. Schreibe den Text aus 1 ab. Ersetze alles, was in Samis Text blau ist.
3. Übe deine Buchvorstellung, bis du sie flüssig vortragen oder vorlesen kannst.

3 Nehmt eure Buchvorstellungen als Tonaufnahme auf. Denkt daran, dass man euch nicht sehen kann.

4 Präsentiert euch gegenseitig eure Aufnahmen. Gebt euch Rückmeldungen.

 eine Buchvorstellung lesen; interessenbezogen ein Buch auswählen; eine Buchvorstellung planen und aufnehmen; Texte in der Klasse vorstellen und Rückmeldungen geben

Ein Rondell schreiben

1 Lest die beiden Gedichte. Darf man manchmal faul sein?

Faul sein

Heute bin ich richtig faul.
Ich lasse meine Seele baumeln.
Ich liege im Gras, zähle Hummeln.
Heute bin ich richtig faul.
Ich beobachte, wie die Wolken ziehen,
und versinke in schöne Träume.
Heute bin ich richtig faul.
Ich lasse meine Seele baumeln.

Müde sein

Heute bin ich richtig müde.
Immer höher, schneller, weiter!
Keine Chance für Langeweile.
Heute bin ich richtig müde.
Morgens Schule, abends lernen.
Wann ist mal Zeit zum Spielen?
Heute bin ich richtig müde.
Immer höher, schneller, weiter!

2 Die Gedichte in **1** heißen Rondell. Findet heraus, wie ein Rondell aufgebaut ist. Beantwortet dazu die Fragen.

a) Was steht am Anfang eines Rondells?
b) Wie viele Verse hat ein Rondell?
c) Welche Verse wiederholen sich?

3 Schreibe selbst ein Rondell.

So geht es:

1. Finde eine Überschrift.
2. Sammle zu deiner Überschrift verschiedene Wörter und Sätze.
3. Nummeriere im Heft acht Zeilen von 1 bis 8.
4. Finde einen wichtigen Vers für die Zeilen 1, 4 und 7.
5. Ergänze die weiteren Verse. Verwende den gleichen Vers für die Zeilen 2 und 8.

Das Dativobjekt

1 **Wem** schreibt Sami? Bildet Sätze.

Das **Dativobjekt** (3. Fall) ist ein Satzglied.
Es antwortet auf die Frage „**Wem ...?**“.
Das Buch gehört Mila. **Wem** gehört das Buch? → **Mila**
Das Eis schmeckt dem Kind. **Wem** schmeckt das Eis? → **dem Kind**

2 Schreibt die Sätze aus **1** auf.
Fragt nach dem Dativobjekt und markiert es.
Sami schreibt der Bürgermeisterin.

3 Finde zu jedem Satz die passende Frage. Schreibe so:
Naomi antwortet Emil. Wem antwortet Naomi?

Naomi antwortet Emil.	Wem gratuliert Mila?
Milo dankt seinem Freund.	Wem antwortet Naomi?
Mila gratuliert ihrer Oma.	Wem begegnet Ela im Traum?
Im Traum begegnet Ela einer Fee.	Wem dankt Milo?

4 Schreibe die Sätze ab. Markiere das Dativobjekt.
Milo hilft seinem Bruder.

Milo hilft seinem Bruder.
Der Lehrerin gehört das Buch.
Emil schenkt mir ein Bild.
Heute ist den Kindern sehr heiß.

Satzglieder: das Dativobjekt kennenlernen; nach dem Dativobjekt fragen, Sätze bilden / abschreiben und das Dativobjekt markieren
AH S. 74/75

Das Akkusativobjekt

1 **Wen oder was** mag Mila? Bildet Sätze.

Das **Akkusativobjekt** (4. Fall) ist ein Satzglied.
Es antwortet auf die Frage „**Wen oder was ...?**".
Mila mag ihre Oma. **Wen oder was** mag Mila? → **ihre Oma**
Sami isst einen Apfel. **Wen oder was** isst Sami? → **einen Apfel**

2 Schreibt die Sätze aus **1** auf.
Fragt nach dem Akkusativobjekt und markiert es.
Mila mag ihre Oma.

3 Finde zu jedem Satz die passende Frage. Schreibe so:
Milo hat ein Boot gebaut. Wen oder was hat Milo gebaut?

Milo hat ein Boot gebaut.	Wen oder was besucht Sami?
Sami besucht eine Freundin.	Wen oder was hat Milo gebaut?
Mila ruft ihre Oma an.	Wen oder was repariert Ela?
Ela repariert ihr Fahrrad.	Wen oder was ruft Mila an?

4 Schreibe die Sätze ab. Markiere das Akkusativobjekt.
Oma isst einen saftigen Apfel.

Oma isst einen saftigen Apfel.
Ada räumt ihr Zimmer auf.
Laute Musik hört Naomi.
Sami liest eine bekannte Sage.

Satzglieder bestimmen

1 Bildet Sätze.

Emil	schenkt	Mila seinem besten Kumpel seiner Mutter …	einen neuen Ball einen Blumenstrauß das lustige Buch …

2 Schreibe Sätze aus **1** auf. Frage nach den Satzgliedern. Markiere in den passenden Farben.

Emil schenkt …

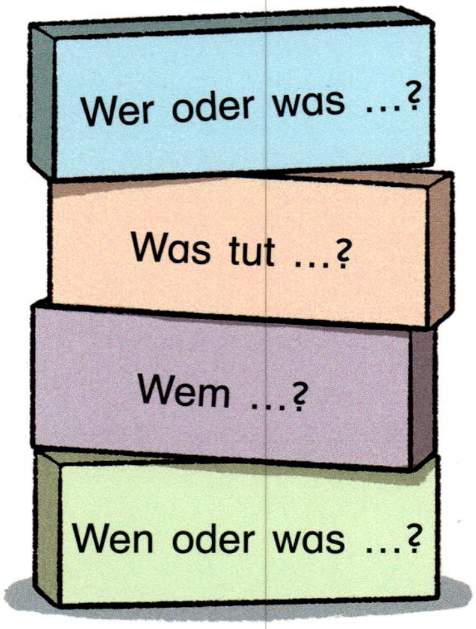

3 Schreibe die Sätze ab. Markiere die Satzglieder in den passenden Farben.

Naomi malt ein buntes Bild.

Die Kinder beobachten die Wolken.
Mama schmeckt das Eis mit Sahne.
Ein spannendes Hörbuch hört Matteo.
Machen Mila und Milo Yoga?
Naomi malt ihren Eltern ein buntes Bild.
Sami pflanzt eine Sonnenblume ein.
Ela zieht ihren Badeanzug an.
Oma gibt ihr ein Handtuch.

4 Schreibe mit den Verben Sätze. Jeder Satz soll ein Subjekt, ein Prädikat, ein Dativobjekt und ein Akkusativobjekt enthalten.

Das Kind schickt …

schicken • wünschen • erklären • leihen • geben

Stelle deine Sätze aus **4** um.

Satzglieder wiederholen: Subjekt, Prädikat, Dativobjekt und Akkusativobjekt bestimmen und markieren; eigene Sätze schreiben und Satzglieder umstellen

AH S. 78/79

Kleine Merkwörter üben Ⓜ 111

1 Ordne die Wörter nach dem Alphabet. Markiere die Stolperstellen.

als, bevor, ...

jetzt • als • sehr • ganz
viel • endlich • ihr

vielleicht • man • bevor
ihm • obwohl • ohne • ob

2 Übe die Merkwörter aus **1** auf verschiedene Weise:

a) Schreibe die Wörter in verschiedenen Farben auf.
b) Schreibe die Wörter in Großbuchstaben an die Tafel.
c) Schreibe mit den Merkwörtern Quatschsätze.

3 Übt die Merkwörter aus **1** gemeinsam.

a) Schreibe die Wörter auf den Rücken deines Partnerkindes.
Er oder sie muss das Wort nennen.
b) Spielt ein Wettspiel: Prägt euch die Wörter aus **1** gut ein.
Dann deckt die Buchseite ab. Schreibt möglichst viele Wörter auswendig auf.

4 Schreibe den Text ab. Setze die Konjunktionen passend ein.

deshalb • während
um • bevor • obwohl

Es gibt viele Ideen, um ...

Es gibt viele Ideen, ___ im Alltag zur Ruhe zu kommen. Sami bemalt gern Blätter oder Steine, ___ Ela gern schwimmen geht. Milo entspannt sich am besten allein, ___ macht er gern Yoga. Mila geht oft zu Fuß, ___ sie mit dem Rad schneller wäre. Naomi geht joggen, ___ sie in die Schule geht.

Strategie „Merkwörter": Merkwörter nach dem Alphabet ordnen / schreiben / buchstabieren; Sätze mit Merkwörtern schreiben; einen Text abschreiben und Konjunktionen passend einsetzen

AH S. 80/81

Merkwörter mit langem i Ⓜ 111

1 Welche Tiere seht ihr auf dem Bild? Sprecht die Namen der Tiere deutlich aus.

2 Schreibe die Namen der Tiere aus **1** auf.
Markiere das lange **i**: *Dino, ...*

Wörter mit einfachem langem **i** sind **Merkwörter**.
Diese Wörter muss ich mir gut merken.
der Tiger, die Maschine, das Kino

3 Setze die Wörter passend ein.
Markiere das lange **i**: *Olli isst gerne Rosinen.*

Musik • Liter
Mandarine • Rosinen
Maschine • Kino

Olli isst gerne ___.
Mama geht heute ins ___.
Papa schält eine ___.
Theo hört ___ mit Papas Handy.
Ein Computer ist eine ___.
Wir brauchen zwei ___ Milch.

4 Findet Vornamen, in denen ihr ein langes **i** hört.
Markiert das lange **i**: *Lina, ...*

Strategie „Merkwörter": Wörter mit langem i richtig schreiben, das einfache lange i markieren; Wörter mit langem i passend einsetzen; Vornamen mit langem i finden

AH S. 82/83

Das silbentrennende h

1 Lies den Text. Finde alle Wörter mit **h**.
Kannst du das **h** in den Wörtern hören?

Am Morgen steht ein Reh am Waldrand. Eine junge Försterin sieht das Tier. Bemüht leise geht sie auf das Reh zu. Aber der Wind dreht sich. Das Reh bemerkt die Försterin und flieht erschrocken in den Wald.

2 Schreibe die Wörter mit **h** aus 1 auf und verlängere sie.
Schreibe so: *es steht ↝ stehen, ein Reh – viele Rehe, …*

> Ein **silbentrennendes h** steht zwischen zwei Selbstlauten (Vokalen). Es eröffnet die nächste Silbe. In allen verwandten Wörtern bleibt das **h** erhalten. der Flo**h** – die Flö**h**e,
> er ste**h**t – ste**h**en, fro**h** – viele fro**h**e Kinder

3 Finde verwandte Wörter, die dir helfen, das **h** hörbar zu machen.
Schreibe so: *die Kuhmilch – die Kühe, es glüht – glühen, …*

die Kuhmilch • es glüht • roh
der Schuhschrank • es zieht
der Sehtest • er flieht

der Mähroboter • bedroht
aufgereiht • es blüht • die Naht
das Frühstück • mühsam

4 Schreibe den Text richtig auf. Verlängere und entscheide, wo ein **h** fehlt.
Achtung: An zwei Stellen musst du kein **h** einsetzen.
In der Früh plant Mila …

In der Frü   pla   nt Mila eine Radtour. Aber ihr Schu   drückt. Ega   l, ob sie ste   t, ge   t oder sich dre   t, ihr großer Ze   ist zu lang.
„Zieh doch einfach ein anderes Paar an“, schlägt Oma vor.

Strategie „Wörter in Silben gliedern“: Wörter mit silbentrennendem h abschreiben und Silbenbögen zeichnen;
Strategie „Wörter verlängern“: verwandte Wörter mit silbentrennendem h finden; einen Text abschreiben und Wörter mit silbentrennendem h richtig aufschreiben

AH S. 84/85

Meine Trainingsseiten

1 Lies den Text. Wie entspannt sich Ela?

Emil geht am Wasser entlang. Er sieht zum nächsten Ufer. Ein **leichter Wind weht** in sein **Gesicht.** Er atmet tief ein. Auf einmal muss er lauthals lachen. Da steht Ela auf einer Matte und macht mühsame Verrenkungen. Ob das vielleicht Yoga sein soll? Ela winkt und ruft fröhlich: „Komm, mach doch mit!“

2 Schreibe den Text ab. Finde alle Wörter, in denen du das **h** nicht hören kannst. *Emil geht …*

3 Finde zu jedem Wort aus **2** ein verwandtes Wort, das dir hilft, das **h** hörbar zu machen. *geht – gehen, …*

4 Schreibe den Satz ab. Markiere die Satzglieder in den passenden Farben. *Ela …*
Ela zeigt Emil viele Yogaübungen.

Vergleicht die Gedichte.

Ik teekne min hood
fein trinj üüb papiar,
a uaren üüb sidj
an boowen at hiar.
Do teekne ik uugen,
nöös, mös an at kan,
nü kön arken sä,
dat ik det san!

Ich zeichne meinen Kopf
hübsch rund auf Papier,
die Ohren an der Seite
und oben das Haar.
Dann zeichne ich Augen,
Nase, Mund und das
Kinn, nun kann jeder
sehen, dass ich das bin!

LERNWÖRTER

die Musik	gehen, sie geht	gesund	bevor
der Sport	stehen, er steht	langsam	jetzt
der Tiger	tun, es tut	schnell	wieder
die Zeit	ziehen, es zieht		

Schreibe die Lernwörter auf Klebezettel und hänge sie auf. Mache nun ein Laufdiktat.

einen Übungstext abschreiben und Wörter mit silbentrennendem h markieren; verwandte Wörter finden; Satzglieder bestimmen; einen Übungssatz untersuchen: Stolperstellen markieren, Strategien anwenden, Nomen, Verben und Adjektive erkennen; Dialekte mit der Standardsprache vergleichen; Lernwörter üben: ein Laufdiktat machen

Blättere zurück und finde die Antworten.

Quer durch das Kapitel

Beantworte die Fragen in ganzen Sätzen.
Schreibe die Antworten in dein Heft.

a) Sami stellt das Buch ...

a) Welches Buch stellt Sami vor?

b) Was macht Milo auf Seite 91?

c) Wie heißt eine Zeile in einem Gedicht?

d) Welches Tier hält Mila in der Hand?

e) Welches Tier steht am Waldrand?

f) Welche drei Wörter sind deiner Lieblingswörter aus dem Kapitel?

g) Welcher Text oder welches Bild hat dir am besten gefallen?

Das haben wir gelernt

Kannst du mir bitte noch mal erklären ...

Diese kleinen Wörter muss ich mir unbedingt merken: ...

Mit welcher Frage kann ich das Dativobjekt bestimmen?

Dieses Thema fiel mir besonders leicht ...

Für eine Buchvorstellung muss ich ...

Konsum und Werbung

1. Was könnte Mila sich wünschen?

2. Wo begegnet dir Werbung? Welche bekannten Personen kennst du, die Werbung machen?

3. Hast du schon einmal etwas von deinem Taschengeld gekauft und dich später darüber geärgert?

Was könnt ihr mit Dingen tun, wenn ihr sie nicht mehr braucht? Sammelt gemeinsam Ideen.

über Konsum und Werbung sprechen; Wörter zum Bild sammeln, den Wortschatz erweitern; eigene Erfahrungen und Ideen einbringen und sich zu Gedanken anderer äußern

Argumente sammeln und diskutieren

1 Seht euch das Gespräch an. Sprecht über ähnliche Situationen, die ihr erlebt habt.

2 Wie könnte das Gespräch weitergehen? Sammelt Argumente für (pro) und gegen (kontra) einen neuen Roller.

Pro (Sami)	Kontra (Vater)
– der neue Roller ist …	– dein Roller funktioniert noch
– …	– …

3 Welche Argumente aus **2** findet ihr überzeugend? Wählt mindestens drei gute Argumente aus.

4 Nehmt die Rolle Samis oder die Rolle des Vater ein. Spielt die Diskussion nach. Versucht, die anderen mit euren Argumenten zu überzeugen.

Für verschiedene Personen schreiben

1 Lest die Texte. Was bedeutet Foodsharing?

Foodsharing – Jetzt auch bei uns im Ort.
Eine Studie fand heraus, dass in Deutschland pro Person jährlich 80 Kilogramm Lebensmittel im Müll landen. Auf ganz Deutschland bezogen sind es 11 Millionen Tonnen noch gut genießbarer Lebensmittel, die weggeworfen werden. Um diese Zahl zu reduzieren, gibt es in immer mehr Städten öffentliche Kühlschränke für die Lebensmittelrettung. In Kühlschränken, die für alle zugänglich sind, können Lebensmittel abgelegt und von Interessierten mitgenommen und gegessen werden.
Nun hat der Gemeinderat beschlossen, dass wir auch in unserer Stadt Lebensmittel retten wollen. Ab sofort können Lebensmittel in den Kühlschränken vor dem Rathaus und auf dem Berliner Platz abgegeben werden.

Senden
An... familienowak@beispiel.de
Cc...
Betreff Aktion „Schulbrote retten“

Liebe Eltern,
jeden Tag finden wir in den Mülleimern und auf dem Schulhof weggeworfene Schulbrote. Mit Ihrer Hilfe können wir diese Verschwendung gemeinsam verhindern.

Einladung zur Schulversammlung

Thema:
Gegen die Verschwendung von Lebensmitteln!
So kann es gehen!
Wer: alle
Wann: am Montag in der 6. Stunde
Wo: in der Aula

RETTEN STATT WEGWERFEN – MACH AUCH DU MIT!

Eine Aktionswoche gegen die Verschwendung von Lebensmitteln.

Mehr Informationen zur Aktionswoche findest du auf unserer Homepage.

verschiedene Textsorten kennen; adressatengerecht sprechen und schreiben; einen Text planen und anhand von Schreibkriterien überprüfen; Schreibkonferenz, Texte überarbeiten und veröffentlichen; einen weiteren Text schreiben

2 Vergleicht die Texte auf Seite 98. Kannst du die Textsorten benennen?

3 Besprecht, an wen sich die Texte richten.
Was wollen die einzelnen Texte erreichen?

4 Sammelt weitere Ideen, wie mehr Lebensmittel gerettet werden können.

5 Teilt eure Ideen mit anderen. Entscheidet euch für eine Textsorte.
Das Diagramm hilft euch.

Wem wollt ihr schreiben?	→	**Welches Ziel hat euer Text?**	→	**Welche Textsorte ist passend?**
– Eltern, Oma … – einer großen Leserschaft – der Bürgermeisterin – …		– informieren – unterhalten – werben – einladen – …		– Brief, E-Mail – Zeitungsartikel – Plakat – …

6 Überlegt, wie euer Text aufgebaut sein muss.

7 Schreibt euren Text auf.

8 Besprecht eure Texte in einer Schreibkonferenz.

9 Veröffentlicht eure Texte.

Werden an eurer Schule Lebensmittel verschwendet?
Was könnt ihr dagegen tun?
Haltet eure Ideen fest und präsentiert eure Ergebnisse. 114

Ortsangaben

1 **Wo** kauft Mila ein neues Fahrrad? Bildet Sätze.

Eine **Ortsangabe** ist ein Satzglied. Es antwortet auf die Fragen **Wo ...?**, **Wohin ...?** oder **Woher ...?**".
Gestern verkauften die Kinder **vor der Schule** Kuchen.
Wo verkauften die Kinder Kuchen? → **vor der Schule**

2 Schreibt die Sätze aus **1** auf.
Fragt in den Sätzen nach der Ortsangabe und markiert sie.
Mila kauft ein neues Fahrrad im Internet.

3 Finde zu jedem Satz die passende Frage. Schreibe so:
Müde sitzt Sami im Zug. Wo sitzt Sami?

Müde sitzt Sami im Zug.
Mila bringt das Fahrrad in die Garage.
Ela kommt früher aus der Schule.

Woher kommt Ela?
Wo sitzt Sami?
Wohin bringt Mila das Fahrrad?

4 Schreibe die Sätze ab. Markiere die Ortsangaben.
Oma fährt in die Stadt. Sie ...

Oma fährt in die Stadt. Auf dem Markt kauft sie Obst ein.
Die Äpfel kommen aus der Region. Oma packt sie in ihren Korb.

Satzglieder: die Ortsangabe / adverbiale Bestimmung des Ortes kennenlernen; nach der Ortsangabe fragen; die Ortsangabe im Satz markieren
AH S. 86/87

Zeitangaben

1 **Wann** oder **wie oft** macht Sami einen Ausflug? Bildet Sätze.

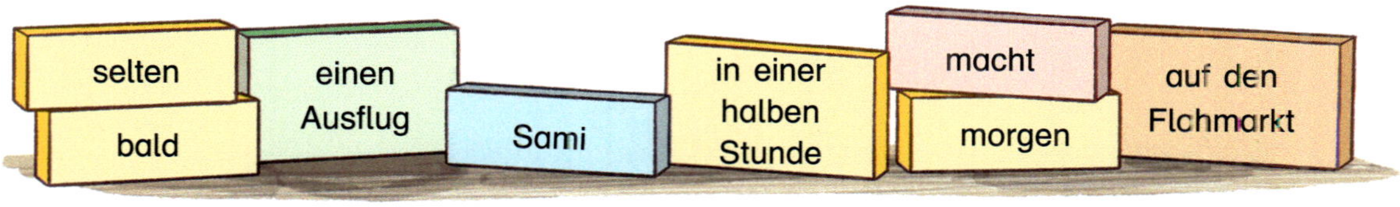

Eine **Zeitangabe** ist ein Satzglied. Es antwortet auf die Fragen **Wann …?**, **Wie lange …?** oder **Wie oft …**".
Gestern verkauften die Kinder Kuchen.
Wann verkauften die Kinder Kuchen? → **gestern**

2 Schreibt die Sätze aus **1** auf.
Fragt in den Sätzen nach der Zeitangabe und markiert sie.
Sami macht morgen einen Ausflug auf den Flohmarkt.

3 Finde zu jedem Satz die passende Frage. Schreibe so:
Milo ruft täglich bei Sami an. Wie oft ruft Sami bei Milo an?

Milo ruft täglich bei Sami an.	Wie lange dauert die Radtour?
Sami hat heute leider keine Zeit.	Wie oft ruft Sami bei Milo an?
Die Radtour dauert zwei Stunden.	Wann hat Sami keine Zeit?

4 Schreibe die Sätze ab. Markiere die Zeitangaben.
Am Samstag findet …

Am Samstag findet in der Schule ein großer Flohmarkt statt. Zwischen 10:00 Uhr und 14:00 Uhr kannst du viele gebrauchte Dinge kaufen oder verkaufen. Die 4. Klasse bietet in den letzten beiden Stunden einen Fahrrad-Waschservice an.

Werbewörter und Werbesprüche

1 Lest die Werbesprüche. Überlegt, was sie bewerben könnten.

2 Welche Werbesprüche aus 1 findest du besonders gut? Warum?

3 Ordne die Wörter aus den Werbesprüchen aus 1 zu.

Adjektive: gut, ...
englische Wörter: power, ...
Reimwörter: ...

Das sind typische Werbewörter.

4 Sammelt Werbesprüche. Schreibt sie auf oder schneidet sie aus. Markiert Adjektive, englische Wörter und Reimwörter.

5 Schreibt einen Werbespruch für das Fahrrad oder den Müsliriegel.

Nehmt einen kurzen Werbefilm für das Fahrrad oder den Müsliriegel auf.

 über Werbung sprechen; Werbesprache untersuchen, Werbewörter zuordnen; einen Werbespruch schreiben; einen kurzen Film aufnehmen

AH S. 90/91

Redewendungen

1 Lest die Redewendungen. Spielt euch sie pantomimisch vor.

Redewendungen sind bildhafte Ausdrücke.
- *jemanden auf den Arm nehmen*
- *auf der Leitung stehen*
- *jemandem Würmer aus der Nase ziehen*
- *jemandem den Spiegel vorhalten*
- *jemanden festnageln*
- *jemandem den Buckel runterrutschen*

2 Finde zu jeder Redewendung aus **1** die passende Bedeutung.
Schreibe so: *jemanden auf den Arm nehmen – jemanden anlügen, ...*

jemanden in Ruhe lassen
etwas nicht verstehen
jemanden anlügen
jemanden oft fragen, um etwas zu erfahren
jemandem zeigen, wie er oder sie sich verhält
jemanden dazu bringen, sein Versprechen zu halten

3 Formuliert zu diesen Redewendungen selbst die passende Bedeutung. Eine Recherche im Internet kann euch helfen. 113

nur Bahnhof verstehen	über den Berg sein
etwas auf die lange Bank schieben	mit dem Feuer spielen

Zeichne eine Redewendung. Lass dein Partnerkind raten.

Strategien anwenden Ⓜ 110

1 Welche Wörter sind Merkwörter? Diskutiert.

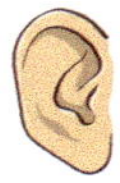

Möhre
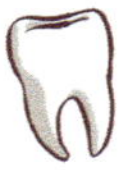

Kurve

ohne
Krone

Maschine
Vers

2 Schreibe nur die Merkwörter aus **1** geordnet auf. Markiere die Merkstelle.

Merkwörter mit stummem h: ohne, …
Merkwörter mit langem i: der Tiger, …
Merkwörter mit ee: …
Merkwörter mit V/v: …

3 Findet jeweils drei Wörter und schreibt sie auf.

a) das Moos, … b) …

a) Merkwörter mit **oo**
b) Verben mit **ver-**
c) Tiere mit **chs**
d) Merkwörter mit **ai**

4 Findet zu jedem Bedeutungspaar den passenden Begriff. Schreibt ihn auf.

a) Hahn, …

a) ein Tier mit rotem Kamm + Wasserzulauf in Bad oder Küche
b) der Zahn eines Raubtiers + eine Pflanze mit gelben Blüten
c) ein großer Laufvogel + zusammengebundene Blumen
d) ein Brettspiel + ein Mahlwerk
e) ein blaues Auge + eine violette Blume

Gibt es diese Tiere wirklich? Recherchiert und stellt vor. 113
Schokoladenhai • Tigermücke • Seefledermaus • Barthuhn

Strategie „Merkwörter": über Merkwörter sprechen; Merkwörter nach Merkstellen ordnen und richtig aufschreiben; Merkwörter finden; Informationen im Internet finden
AH S. 94

Strategien anwenden

110

1 Lest die Sätze. Erklärt die richtigen Schreibweise.

Unsere Lererin sakt, jedes kind kann Lebensmittel retten. oft sind Käse und Wurst lenger haltbar als wir denken.

2 Findet alle neun Fehler. Schreibt den Fehlertext richtig auf. Malt jeweils das passende Strategiezeichen darüber. *Obst wird häufig …*

Obst wird heufig weggeworfen, nur weil es nicht mer schön aussieht. Wir haben heute gelernt, was Mann mit Bananen machn kann, auch wenn sie schon braun und matschik sind. du kannst zum Beispiel ein leckeres bananenbrot backen. Makst du es mal fersuchen?

3 Würfele und ziehe vor. Erkläre die richtige Schreibweise. Weißt du keine passende Strategie, gehe zurück zum Start.

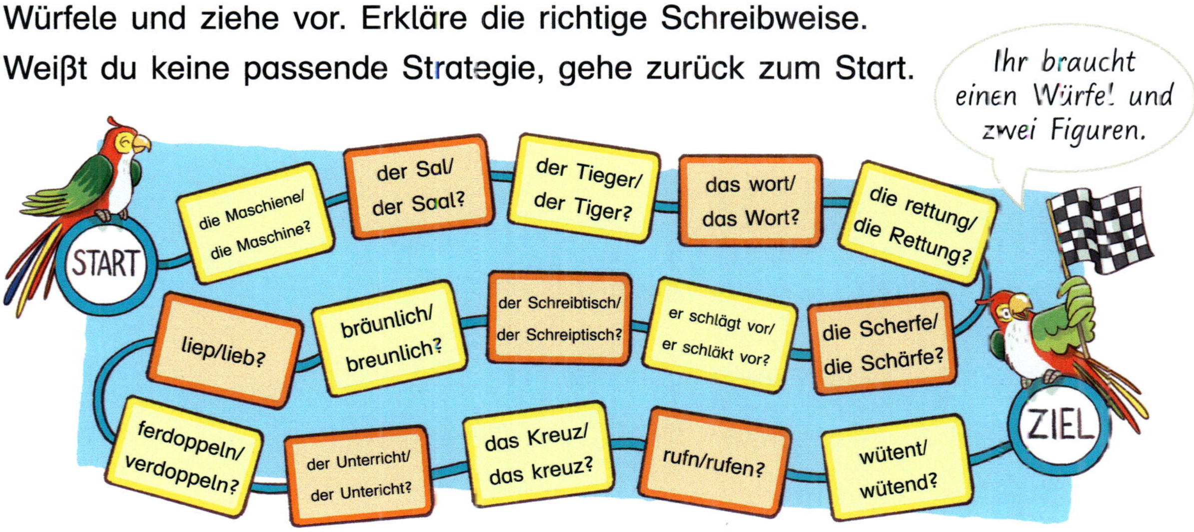

Strategien anwenden: „Wörter in Silben gliedern", „Wörter großschreiben", „Wörter ableiten", „Wörter verlängern", „Merkwörter"; Beispiele zuordnen; Schreibweisen mit den Strategien erklären, einen Text rechtschriftlich korrigieren; die Anwendung der Strategien spielerisch üben

Meine Trainingsseiten

1 Lies den Text. Findest du die versteckte Werbung?

Die **Kinder planen** eine **große Abschiedsparty** zum **Ende** der **Grundschulzeit.** Sie findet natürlich vor dem Bootshaus statt. Die Party beginnt um 14 Uhr. Die ersten zehn Gäste bekommen sogar einen Gratiscocktail am Getränkestand. Zudem grillt Oma am Abend leckere Würstchen. Gemeinsam erinnern sich die Kinder an alle schönen und lustigen Momente der letzten vier Jahre.

2 Schreibe den Text ab. Markiere alle Ortsangaben und Zeitangaben.

Die Kinder planen ...

3 Schreibe schwierige Wörter aus dem Text auf. Male jeweils das passende Strategiezeichen darüber.

M
Bootshaus, ...

4 Stelle den Trainingssatz so oft um, wie möglich.

Eine große Abschiedsparty | ...

Vergleicht die Sprachen. Findet Gemeinsamkeiten und Unterschiede.

Bis bald!
Shihemi!
Nähdään!
Até breve!
Pe curând!
До скóрого!

In welcher Sprache verabschiedest du dich?

LERNWÖRTER

die Information	brauchen, er braucht	alt	nie
das Internet	kaufen, sie kauft	interessant	ohne
der Müll	versprechen, er verspricht	neu	oft

Lest euch die Lernwörter rückwärts vor und ratet.

einen Übungstext abschreiben und Orts- und Zeitangaben markieren; alle schwierigen Wörter finden und schreiben; einen Satz umstellen; einen Übungssatz untersuchen: Stolperstellen markieren, Strategien anwenden, Nomen, Verben und Adjektive erkennen; Gemeinsamkeiten von Sprachen entdecken; Lernwörter üben: rückwärts lesen

Blättere zurück und finde die Antworten.

Quer durch das Kapitel

Beantworte die Fragen in ganzen Sätzen.
Schreibe die Antworten in dein Heft.

a) Oma kauft …

a) Wo kauft Oma Äpfel ein?

b) Wer möchte einen Roller haben?

c) Was findet am Samstag in der Schule statt?

d) **Power**, **gut** und **cool** sind typische …

e) Wie heißt ein Wort mit zwei Bedeutungen?

f) Welche drei Wörter sind deine Lieblingswörter aus dem Kapitel?

g) Welcher Text oder welches Bild hat dir am besten gefallen?

Das haben wir gelernt

Wann hilft mir die Strategie „Merkwörter“?

Die beste Redewendung ist …

„Sie“ benutze ich …

In diesem Buch hat mir Kapitel … am besten gefallen.

Was ist nochmal eine Ortsangabe?

Fragen zum Kapitel beantworten; über Gelerntes nachdenken/reflektieren, verständlich sprechen und erklären, Fragen stellen, wenn man etwas nicht verstanden hat

So schreibe ich einen Text am Computer

Der Computer ist hilfreich, wenn ich einen Text überarbeiten, veröffentlichen oder ausdrucken möchte.

1. Den Text tippen

Zum Schreiben eines Textes sollte ich bestimmte Tasten kennen:

- Buchstaben großschreiben
- etwas löschen
- eine Lücke zwischen Wörtern einfügen
- eine neue Zeile anfangen

F → **fett**

K → *kursiv*

U → unterstrichen

A → Schriftfarbe

11 → Schriftgröße

Arial → Schriftart

2. Den Text formatieren

Am Computer kann ich Texte formatieren. Das bedeutet, dass ich einen Text gestalten kann, indem ich zum Beispiel die Schrift verändere. Ich kann Texte auch unterschiedlich anordnen, Bilder einfügen oder Tabellen anlegen.

3. Den Text speichern

Ich klicke auf „Datei speichern unter“. Jetzt überlege ich mir einen passenden Namen für meine Datei. So kann ich die Datei jederzeit wiederfinden.

Schreibe diesen Satz so: **fett**, rot, Größe 12, Arial.

Papageien gehören zu den intelligentesten Vögeln.

→ Sprachbuchseiten 63, 74 sowie alle Aufgaben, bei denen abgeschrieben werden soll

So finde ich ein Wort im Wörterbuch

Wörter mit Wortbausteinen finden

Wenn ich ein Wort mit vorangestellten Wortbausteinen nicht finde, suche ich das Grundwort.

verwechseln: ich suche **wechseln**

entlassen: ich suche **lassen**

- der **Kom|pass,** die Kom|pas|se
- der **Kö|nig,** die Kö|ni|ge

kön|nen, sie kann, sie konn|te, sie hat ge|konnt

Wörter mit Umlauten finden

Im Wörterbuch werden die Umlaute **ä**, **ö**, **ü** bei den Vokalen einsortiert:

ä bei **a**, **ü** bei **u** und **ö** bei **o**.

Der **König** steht im Wörterbuch bei **Ko**.

Und wenn ich ein Wort nicht finde?

Ich überprüfe den ersten Buchstaben. Klingt er anders, als er geschrieben wird? **V**orfahrt suche ich bei **V** und nicht bei **F**, **c**lever suche ich bei **c** und nicht bei **k**.

Wenn ich allein nicht weiterkomme, frage ich nach oder nutze eine Suchmaschine. Manchmal kann mir auch ein Schreibprogramm helfen.

Findet diese Wörter im Wörterbuch. Schreibt sie richtig auf.

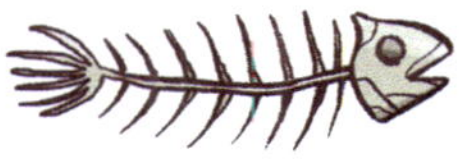

→ Sprachbuchseiten 16, 17, 56, 80 sowie alle Aufgaben, bei denen nachgeschlagen werden soll

So schreibe ich Wörter richtig

Wenn ich etwas aufschreiben oder verbessern will, muss ich entscheiden, wie ein Wort richtig geschrieben wird.

1. Gibt es eine Strategie, die mir hilft?
Hilft es, das Wort zu schwingen?
Ist das Wort ein Nomen oder steht es am Satzanfang?
Kann ich das Wort ableiten?
Muss ich das Wort verlängern?

2. Ist das Wort ein Merkwort?
Nicht bei allen Wörtern hilft eine Rechtschreib-Strategie. Dann muss ich mir das Wort merken.
Die Übungstipps auf der nächsten Seite können mir helfen.

3. Überprüfe mit der Wörterliste
Wenn ich mir unsicher bin, kann ich das Wort in einer Wörterliste oder einem Wörterbuch nachschlagen.
Auch die Rechtschreib- und Grammatiküberprüfung am Computer kann mir helfen.

Schreibe die Sätze ohne Fehler auf.

Stolz gipt Olli seinen text der Lererin.

Er treumt von einer gutn Note.

→ Sprachbuchseiten 32, 33, 69, 93, 105; Sprachbuchseiten 18, 19, 20, 21, 32, 33, 69, 78, 105;
Sprachbuchseiten 33, 68, 69, 105; Sprachbuchseiten 33, 68, 69, 81, 93, 105; Sprachbuchseiten 33, 56, 69, 91, 92, 104, 105

So übe ich Merkwörter Ⓜ

Bei manchen Wörtern hilft mir keine Rechtschreib-Strategie. Deshalb muss ich mir diese Wörter gut merken und sie oft üben.

Mit Merklisten üben

- Merkwörter zu einer Rechtschreib-Schwierigkeit sammeln, zum Beispiel Merkwörter mit stummem **h**, und Merkstellen markieren
- Merkwörter auf Karten schreiben und sortieren: nach dem Alphabet, nach der Länge, nach Silben ...

Kreativ üben

- Merkwörter mit verschiedenen Farben, Stiften oder Kreide schreiben
- Merkwörter auf Klebezettel schreiben, diese zu Hause aufhängen und ein Laufdiktat schreiben
- Merkwörter mit geschlossenen Augen aufschreiben

In ganzen Sätzen üben

- mit jedem Merkwort einen Satz oder Quatschsätze schreiben
- Sätze aufnehmen und als Diktat üben
- das Merkwort in einem Satz erklären

Gestalte eine Merkwörterkiste für die Wörter, die du auf Karten geschrieben hast. Übe diese Wörter immer wieder.

→ Ⓜ Sprachbuchseiten 33, 56, 69, 91, 92, 104, 105

So führen wir ein Rechtschreibgespräch

Ein Wort oder einen Satz schreiben
Wir einigen uns auf ein schwieriges Wort oder einen Satz. Jedes Kind schreibt das Wort oder den Satz auswendig auf. Wir sprechen beim Schreiben leise mit.

Über die Rechtschreibung nachdenken
Wir tauschen uns gegenseitig oder in der Klasse aus. Wo waren wir beim Schreiben unsicher? Warum?
Wir markieren die Stolperstellen.
Wir überlegen, welche Strategie hilft.

Richtig aufschreiben
Jedes Kind schreibt das Wort oder den Satz ohne Fehler auf.
Wir merken uns die Schreibweise gut.
Dann decken wir den Satz oder das Wort ab und schreiben alles auswendig auf.
Zum Schluss kontrollieren wir, ob alles richtig geschrieben ist.

Führt ein Rechtschreibgespräch mit diesem Satz:

a) Das Kind läuft schnell zur Schule.
b) Fleißig übt die Klasse ein schönes Lied für das Fest im Mai.

 → Sprachbuchseiten 20, 45, 68, 81

So finde ich Informationen im Internet

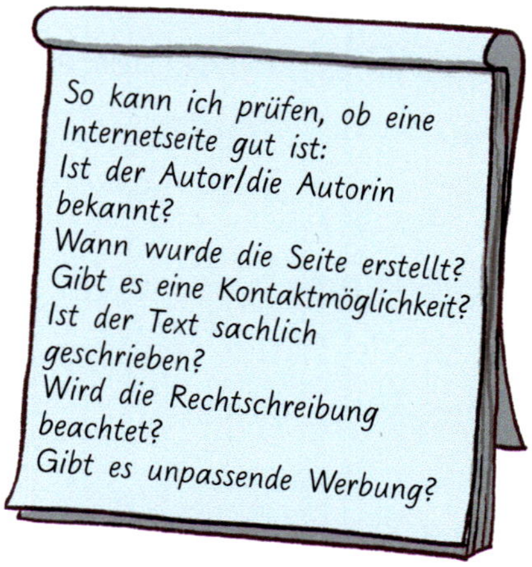

Informationen finden und bewerten

Mit Suchmaschinen für Kinder komme ich am besten an Informationen. Dort gebe ich passende Suchbegriffe ein. Ich prüfe, ob ich den Ergebnissen glauben kann. Dazu sehe ich mir immer mehrere Suchergebnisse an.

Ergebnisse verwalten

Gute Suchergebnisse kann ich als Favoriten ★ speichern. Wichtige Informationen schreibe ich in eigenen Worten auf. Meine Texte speichere ich unter einem passenden Namen. Ich kann zu jedem Thema einen Ordner anlegen und darin auch Bilder speichern.

Quellen angeben

Wenn ich Informationen aus dem Internet veröffentliche, muss ich angeben, woher sie stammen. Unter das Bild oder den Text schreibe ich den Urheber/die Urheberin oder die Internetadresse, an der ich die Information gefunden habe.

Recherchiere zu einem Wetter-Thema: Wie entstehen
a) Blitze? b) Regenbogen? c) Tornados?

→ Sprachbuchseiten 24, 36, 48, 55, 60, 72, 103, 104

So halte ich einen Vortrag mit digitalen Medien

Wenn ich viele Bilder, Videos oder Audios bei meinem Vortrag zeigen möchte, ist es sinnvoll eine digitale Präsentation vorzubereiten.

Die Präsentation planen
Zuerst wähle ich ein Thema und suche Informationen. Passende Bilder, Audios oder Videos speichere ich. Dann überlege ich, worüber ich genau sprechen möchte. Ich plane für jede Folie (Seite) eine Überschrift.

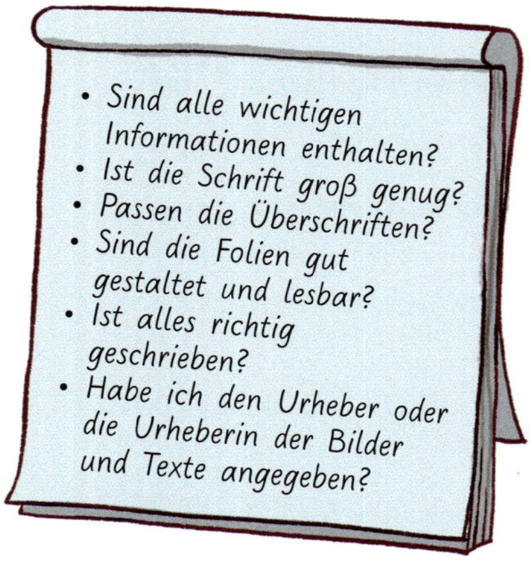

Die Präsentation gestalten
Ich öffne ein passendes Programm für meine Präsentation. Der Datei gebe ich einen Namen und speichere sie.
Ich formuliere Stichworte oder kurze Sätze. Bei Bildern und Videos achte ich auf die Bildrechte.
Am Ende gebe ich an, wo ich Bilder und Texte gefunden haben.

Den Vortrag üben und präsentieren
Ich weiß, wie ich die Präsentation starte und die Folien wechsle.
Ich überlege mir einen einleitenden Satz. Beim Vortrag versuche ich, frei zu sprechen und lese nicht nur ab.

Erstelle eine digitale Präsentation zu deinem Hobby.

→ Sprachbuchseiten 72, 99 sowie alle Aufgaben, bei denen vorgetragen werden soll

So höre ich richtig zu

1. Vor dem Hören

Ich sehe mir das Thema an und überlege, was ich bereits darüber weiß. Was erwarte ich von dem Hörtext? Ich kann mich auch mit anderen austauschen. Nun spiele ich den Hörtext ab.

2. Beim Hören

Ich konzentriere mich und höre gut zu. Danach notiere ich wichtige Informationen in Stichworten. Dabei kann ich auch Abkürzungen oder Zeichen verwenden. Beim zweiten Hören achte ich auf Einzelheiten. Ich ergänze meine Notizen. Manchmal kann ich auch eine Skizze erstellen.

3. Nach dem Hören

Ich denke über das Gehörte nach. Habe ich etwas nicht verstanden? Dann höre ich den Text erneut an. Mithilfe meiner Notizen kann ich Fragen zum Text beantworten oder den Text in eigenen Worten wiedergeben.

Höre dir einen Hörtext an. Konzentriere dich auf das Hören. Wie viele Geräusche oder Stimmen kannst du hören?

→ Sprachbuchseiten 13, 61, 85 sowie alle Seiten mit zusätzlichem Audio-Material;
Hörtexte können über die kostenlose Buchtaucher-App abgespielt werden;
Audio-Dateien bzw. Transkription s. a. Handreichungen für den Unterricht und Unterrichtsmanager

A a  

ab
• der **Abend,** die Abende
aber
acht
• der **Affe,** die Affen
alle
allein
alles
also
alt, älter, am ältesten
am
an
• die **Angel,** die Angeln
antworten, sie antwortet
• der **Apfel,** die Äpfel
• der **April**
• das **Aquarium,** die Aquarien
arbeiten, sie arbeitet
• der **Arzt,** die Ärzte
• die **Ärztin,** die Ärztinnen
• der **Ast,** die Äste
• die **Aubergine,** die Auberginen
auch
auf
aufpassen, er passt auf
aufräumen, er räumt auf
aufwachen, es wacht auf
aufwachsen, sie wächst auf, sie wuchs auf, sie ist aufgewachsen
• der **August**
aus
außerdem
• die **Axt,** die Äxte

B b 

• das **Baby,** die Babys
bald
• der **Ball,** die Bälle
• die **Bank,** die Bänke
• der **Baum,** Bäume
befehlen, sie befiehlt, sie befahl, sie hat befohlen
begegnen, er begegnet
beginnen, es beginnt, es begann, es hat begonnen
• das **Beispiel,** die Beispiele
beißen, er beißt, er biss, er hat gebissen
belohnen, er belohnt
bequem
• der **Berg,** die Berge
besorgt
bevor
• das **Bild,** die Bilder
• die **Birne,** die Birnen
bis
(ein) **bisschen**
bitte
bitten, sie bittet, sie bat, sie hat gebeten
• das **Blatt,** die Blätter
blau
bläulich
bleiben, es bleibt, es blieb, es ist geblieben
blind
• der **Blitz,** die Blitze
bloß
• das **Boot,** die Boote
böse
boxen, er boxt
brauchen, er braucht
braun
breit
brennen, es brennt, es brannte, es hat gebrannt
• der **Brief,** die Briefe
• die **Brille,** die Brillen
bringen, sie bringt, sie brachte, sie hat gebracht
• das **Brot,** die Brote
• der **Bruder,** die Brüder
bunt
• die **Burg,** die Burgen
• der **Bus,** die Busse
• die **Butter**

C c  

• der **Cent,** die Cents
• die **Chance,** die Chancen
• der **Chor,** die Chöre
• der **Clown,** die Clowns
• der **Computer,** die Computer

D d 

• das **Dach,** die Dächer
• der **Dachs,** die Dachse
dann
davor
• die **Decke,** die Decken
dein, deine

In der Wörterliste stehen Verben in der Grundform und in der 3. Person Singular Präsens.
Bei einem Vokalwechsel im Wortstamm steht zusätzlich die 3. Person Singular Präteritum und Perfekt.
Bei Adjektiven werden neben der Grundform nur unregelmäßige Vergleichsstufen angegeben.

dem
den
denken, sie denkt, sie dachte, sie hat gedacht
denn
des
Deutschland
• der **Dezember**
dich
dick
• der **Dieb,** die Diebe
• der **Dienstag,** die Dienstage
diese, dieser, dieses
dir
doch
• der **Donnerstag,** die Donnerstage
doof
doppelt
dort
draußen
drei
dreißig
drücken, er drückt
du
dunkel, dunkler, am dunkelsten
durch
dürfen, sie darf, sie durfte, sie hat gedurft
• der **Durst**
durstig

E e

eckig
• das **Ei,** die Eier
eigentlich
• der **Eimer,** die Eimer
ein, eine
eins
• das **Eis**
elf
• die **Eltern**
• die **E-Mail,** die E-Mails
empfindlich
endlich
eng
entdecken, er entdeckt
• die **Entfernung,** die Entfernungen
• die **Erdbeere,** die Erdbeeren
• das **Ergebnis,** die Ergebnisse
erklären, er erklärt
erschrecken, sie erschrickt, sie erschrak, sie ist erschrocken
erstens
• der **Erwachsene,** die Erwachsenen
erzählen, sie erzählt
• der **Esel,** die Esel
essen, sie isst, sie aß, sie hat gegessen
etwas
euch
• die **Eule,** die Eulen
• der **Euro,** die Euros

F f

• das **Fach,** die Fächer
fahren, sie fährt, sie fuhr, sie ist gefahren
• das **Fahrrad,** die Fahrräder
fair
fallen, es fällt, es fiel, es ist gefallen
• die **Familie,** die Familien
fangen, sie fängt, sie fing, sie hat gefangen
fast
• die **Faust,** die Fäuste
• der **Februar**
• die **Fee,** die Feen
fehlen, es fehlt
• die **Ferien**
fernsehen, sie sieht fern, sie sah fern, sie hat ferngesehen
• der **Fernseher,** die Fernseher
• das **Feuer**
• die **Feuerwehr**
finden, es findet, es fand, es hat gefunden
• der **Finger,** die Finger
• der **Fisch,** die Fische
• der **Fleiß**
fleißig
fliegen, er fliegt, er flog, er ist geflogen
fließen, es fließt, es floss, es ist geflossen
• das **Flugzeug,** die Flugzeuge
• der **Fluss,** die Flüsse
• die **Frau,** die Frauen
• der **Freitag,** die Freitage

fressen, sie frisst, sie fraß, sie hat gefressen
sich **freuen,** sie freut sich
• der **Freund,** die Freunde
• die **Freundin,** die Freundinnen
• der **Frieden**
friedlich
früh
• der **Frühling,** die Frühlinge
• der **Fuchs,** die Füchse
fünf
für
• der **Fuß,** die Füße
• der **Fußball,** die Fußbälle

G g

• die **Gabel,** die Gabeln
ganz
geben, es gibt, es gab, es hat gegeben
• der **Geburtstag,** die Geburtstage
gefährlich
gefallen, es gefällt, es gefiel, es hat gefallen
gehen, sie geht, sie ging, sie ist gegangen
gelb
• das **Gemüse**
gerade
geschehen, es geschieht, es geschah, es ist geschehen
gestern
gesund, gesünder, am gesündesten
• das **Gewächs,** die Gewächse
gewinnen, sie gewinnt, sie gewann, sie hat gewonnen
• das **Gewitter**
gießen, sie gießt, sie goss, sie hat gegossen
• das **Glück**
glücklich
• die **Gräte,** die Gräten
grau
groß, größer, am größten
grün
• der **Gruß,** die Grüße
grüßen, er grüßt
gucken, er guckt
gut, besser, am besten

H h

• das **Haar,** die Haare
haben, sie hat
• der **Hai,** die Haie
halb
halten, es hält, es hielt, es hat gehalten
• die **Hand,** die Hände
• das **Handy,** die Handys
hart, härter, am härtesten
• das **Haus,** die Häuser
heiß
heißen, er heißt, er hieß, er hat geheißen
helfen, sie hilft, sie half, sie hat geholfen
hell
heraus
• der **Herbst,** die Herbste
herein
• der **Herr,** die Herren
• das **Herz,** die Herzen
heute
• die **Hexe,** die Hexen
hier
• **der** **Himmel,** die Himmel
hinein
hinstellen, er stellt hin
hinter
• die **Hitze**
hoch, höher, am höchsten
hoffen, er hofft
hoffentlich
• das **Holz,** die Hölzer
hören, er hört
• der **Hund,** die Hunde
• der **Hunger**
hungrig

I i

ich
• die **Idee,** die Ideen
• der **Igel,** die Igel
ihm
ihn
ihnen
ihr, ihre
im
immer
impfen, er impft
in
ins
• das **Internet**
• das **Interview,** die Interviews
• die **Information,** die Informationen
• die **Insel,** die Inseln
interessant

J j

ja
• die **Jacke,** die Jacken
• das **Jahr,** die Jahre
jährlich
• der **Januar**
• die **Jeans,** die Jeans
jede, jeder, jedes
jemand
jetzt
• der **Juli**
jung, jünger,
am jüngsten
• der **Junge,** die Jungen
• der **Juni**

K k

• der **Käfer,** die Käfer
• der **Kaiser,** die Kaiser
kalt, kälter,
am kältesten
kämpfen, sie kämpft
kaputt
• die **Kartoffel,** die Kartoffeln
• der **Käse,** die Käse
• die **Katze,** die Katzen
kaufen, sie kauft
kein, keine
• der **Keks,** die Kekse
kennen, sie kennt,
sie kannte,
sie hat gekannt
• das **Kind,** die Kinder
• die **Kirche,** die Kirchen
• die **Klasse,** die Klassen
• das **Klavier,** die Klaviere
• das **Kleid,** die Kleider
klein
klettern, er klettert
klug, klüger, am klügsten
• der **Knopf,** die Knöpfe
kochen, er kocht
kommen, sie kommt,
sie kam,
sie ist gekommen
• der **Kompass,**
die Kompasse
• der **König,** die Könige
können, sie kann,
sie konnte,
sie hat gekonnt
• der **Kopf,** die Köpfe
• der **Korb,** die Körbe
• der **Körper,** die Körper
krabbeln, er krabbelt
kräftig
krank
• das **Kraut,** die Kräuter
• das **Kreuz,** die Kreuze
• der **Krieg,** die Kriege
kriegen, sie kriegt
• die **Küche,** die Küchen
• der **Kuchen,** die Kuchen
• die **Kuh,** die Kühe
kühl
kurz, kürzer,
am kürzesten
küssen, er küsst

L l

lachen, sie lacht
• das **Land,** die Länder
lang, länger,
am längsten
langsam
• der **Lärm**
lassen, sie lässt,
sie ließ, sie hat gelassen
• das **Laub**
laufen, er läuft, er lief,
er ist gelaufen
laut
lecker
leer
• der **Lehrer,** die Lehrer
• die **Lehrerin,**
die Lehrerinnen
leicht
leider
lesen, sie liest, sie las,
sie hat gelesen
letzte, letzter, letztes
• die **Leute**
lieb
lieben, er liebt
• das **Lied,** die Lieder
liegen, er liegt, er lag,
er hat gelegen
links
• der **Löffel,** die Löffel
loslassen,
es lässt los, sie ließ los,
sie hat losgelassen

M m

machen, er macht
• das **Mädchen,**
die Mädchen
• die **Mahlzeit,**
die Mahlzeiten
• der **Mai**
• der **Mais**
man
• der **Mann,** die Männer
• der **März**
• die **Medien**
• das **Meer,** die Meere
• das **Mehl**
mehr

mein, meine
meistens
mich
• die **Milch**
• die **Minute,** die Minuten
mir
mit
mitnehmen,
sie nimmt mit,
sie nahm mit,
sie hat mitgenommen
• der **Mittag,** die Mittage
• der **Mittwoch**
mögen, sie mag,
sie mochte,
sie hat gemocht
• die **Möhre,** die Möhren
• der **Monat,** die Monate
• der **Montag,**
die Montage
• das **Moos,** die Moose
morgen
• der **Müll**
• der **Mund,** die Münder
• die **Musik**
müssen, er muss
• die **Mutter,** die Mütter
• die **Mütze,** die Mützen

N n

nach
• der **Nachmittag,**
die Nachmittage
nächste, nächster,
nächstes
• die **Nacht,** die Nächte
nah, näher,
am nächsten
nämlich
nass
• der **Nebel,** die Nebel
nehmen, sie nimmt,
sie nahm,
sie hat genommen
nein
• das **Nest,** die Nester
nett
neu
neun
nicht
nichts
nie
nirgendwo
• das **Nomen,** die Nomen
• die **Note,** die Noten
• der **November**
nun
nur
• die **Nuss,** die Nüsse
nützlich

O o

ob
oben
• das **Obst**
• der **Ochse,** die Ochsen
oder
offen
oft
ohne
• das **Ohr,** die Ohren
• der **Oktober**
• die **Oma,** die Omas
• der **Onkel,** die Onkel
• der **Opa,** die Opas
• der **Ordner,** die Ordner
• das **Ostern**

P p

paar
• die **Palme,** die Palmen
• der **Papagei,**
die Papageien
• das **Papier,** die Papiere
• der **Pass,** die Pässe
passieren, es passiert
• das **Pferd,** die Pferde
• die **Pflanze,** die Pflanzen
pflanzen, er pflanzt
pflegen, sie pflegt
pflücken, sie pflückt
• die **Pfütze,** die Pfützen
• die **Pizza,** die Pizzen
• der **Platz,** die Plätze
plötzlich
• der **Pullover,** die Pullover
• die **Puppe,** die Puppen
putzen, er putzt

Qu qu

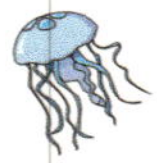

• das **Quadrat,** die Quadrate
quaken, er quakt
quälen, er quält
• die **Qualle,** die Quallen
• der **Quark**
• der **Quatsch**
• die **Quelle,** die Quellen
quer
• das **Quiz,** die Quiz

R r

• das **Rad,** die Räder
raten, er rät, er riet,
er hat geraten
• der **Rauch**
• der **Raum,** die Räume
rechnen, sie rechnet
rechts
• der **Regen**
regnen, es regnet
• das **Reh,** die Rehe
reich

• die **Reihe,** die Reihen
reißen, es reißt, es riss, es ist gerissen
reiten, sie reitet
rennen, sie rennt, sie rannte, sie ist gerannt
• die **Rettung,** die Rettungen
• der **Ring,** die Ringe
• der **Rock,** die Röcke
rot
• der **Rücken,** die Rücken
rufen, er ruft, er rief, er hat gerufen
• die **Ruhe**
ruhig
rühren, er rührt
rund

S s

• der **Saal,** die Säle
sagen, sie sagt
• die **Saite,** die Saiten
• das **Salz,** die Salze
sammeln, er sammelt
• der **Samstag,** die Samstage
• der **Sand**
• der **Satz,** die Sätze
• das **Schaf,** die Schafe
• der **Schal,** die Schals
• der **Schatz,** die Schätze
schauen, sie schaut
schenken, er schenkt
• das **Schiff,** die Schiffe
schimpfen, sie schimpft
schlafen, er schläft, er schlief, er hat geschlafen
• die **Schlange,** die Schlangen
schlecht
schließen, er schließt, er schloss, er hat geschlossen
schließlich
schlimm
• das **Schloss,** die Schlösser
• der **Schlüssel,** die Schlüssel
schmecken, es schmeckt
• der **Schmetterling,** die Schmetterlinge
schmutzig
• der **Schnee**
schneiden, er schneidet, er schnitt, er hat geschnitten
schneien, es schneit
schnell
• der **Schnupfen**
schon
schön
• der **Schrank,** die Schränke
schrecklich
schreiben, er schreibt, er schrieb, er hat geschrieben
schreien, sie schreit, sie schrie, sie hat geschrien
• der **Schutz**
schützen, er schützt
schwarz
• das **Schwein,** die Schweine
schwer
• die **Schwester,** die Schwestern
schwierig
schwimmen, sie schwimmt, sie schwamm, sie ist geschwommen
sechs
• der **See,** die Seen
sehen, er sieht, er sah, er hat gesehen
sehr
sein, seine
sein, ich bin, du bist, er ist, wir sind, ihr seid, sie sind
seit
• die **Seite,** die Seiten
• die **Sekunde,** die Sekunden
selbst
• der **September**
sich **setzen,** er setzt sich
sich
sie
sieben
• das **Silvester**
singen, er singt, er sang, er hat gesungen
sitzen, sie sitzt, sie saß, sie hat gesessen
• die **Skizze,** die Skizzen
• der **Sohn,** die Söhne
sollen, es soll
• der **Sommer,** die Sommer
• der **Sonnabend,** die Sonnabende
• die **Sonne,** die Sonnen

- der **Sonntag,** die Sonntage
- die **Soße,** die Soßen
- **sparen,** er spart
- der **Spaß,** die Späße
- **spät**
- **spazieren,** er spaziert
- der **Spaziergang,** die Spaziergänge
- der **Spiegel,** die Spiegel
- das **Spiel,** die Spiele
- **spielen,** es spielt
- die **Spinne,** die Spinnen
- **spitz**
- die **Spitze,** die Spitzen
- **sprechen,** sie spricht, sie sprach, sie hat gesprochen
- **springen,** er springt, er sprang, er ist gesprungen
- **spritzen,** es spritzt
- der **Sport**
- die **Stadt,** die Städte
- der **stark,** stärker, am stärksten
- die **Stärke,** die Stärken
- **stehen,** er steht, er stand, er hat gestanden
- **steigen,** sie steigt, sie stieg, sie ist gestiegen
- der **Stern,** die Sterne
- die **Stimme,** die Stimmen
- **stimmen,** es stimmt
- der **Strauch,** die Sträucher
- die **Straße,** die Straßen
- **streiten,** er streitet, er stritt, er hat gestritten
- der **Stuhl,** die Stühle
- die **Stunde,** die Stunden
- **süß**

T t

- der **Tag,** die Tage
- die **Tante,** die Tanten
- **tanzen,** sie tanzt
- die **Tasse,** die Tassen
- **tausend**
- das **Taxi,** die Taxen
- der **Teddy,** die Teddys
- der **Tee,** die Tees
- der **Teller,** die Teller
- die **Temperatur,** die Temperaturen
- das **Thema,** die Themen
- **tief**
- das **Tier,** die Tiere
- der **Tiger,** die Tiger
- der **Tipp,** die Tipps
- **tippen,** sie tippt
- die **Tochter,** die Töchter
- der **Tod,** die Tode
- **toll**
- **tot**
- **tragen,** sie trägt, sie trug, sie hat getragen
- **trainieren,** sie trainiert
- der **Traum,** die Träume
- **träumen,** er träumt
- sich **treffen,** er trifft sich, er traf sich, er hat sich getroffen
- **trinken,** er trinkt, er trank, er hat getrunken
- **trocken**
- **trotzdem**
- **tun,** es tut, es tat, es hat getan

U u

- **üben,** er übt
- **über**
- **überall**
- **überholen,** sie überholt
- das **U-Boot,** die U-Boote
- die **Uhr,** die Uhren
- **um**
- **umkehren,** er kehrt um
- **um**
- **und**
- **ungefähr**
- das **Ungeheuer,** die Ungeheuer
- **ungemütlich**
- **uns**
- **unser, unsere**
- **unten**
- **unter**
- das **Unterhemd,** die Unterhemden
- der **Unterricht**
- der **Urlaub,** die Urlaube

V v

- der **Vampir,** die Vampire
- die **Vase,** die Vasen
- der **Vater,** die Väter
- **verbieten,** sie verbietet, sie verbot, sie hat verboten
- **verdoppeln,** er verdoppelt
- **vergessen,** sie vergisst, sie vergaß, sie hat vergessen
- der **Verkehr**
- sich **verletzen,** er verletzt sich

verlieren, er verliert,
er verlor,
er hat verloren
vermissen,
sie vermisst
verrückt
versprechen,
er verspricht,
er versprach,
er hat versprochen
sich **verstecken,**
es versteckt sich
• der **versuchen,** er versucht
viel, mehr, am meisten
viele
vielleicht
vier
der/das **Virus,** die Viren
• der **Vogel,** die Vögel
voll
von
vor
voraus
vorbei
• die **Vorfahrt,** die Vorfahrten
• der **Vorschlag,**
die Vorschläge
vorsichtig
• der **Vorteil,** die Vorteile
• der **Vulkan,** die Vulkane

W w 

• die **Waage,** die Waagen
wachsen, es wächst,
es wuchs,
es ist gewachsen
• die **Wahl,** die Wahlen
wahr
während
• der **Wald,** die Wälder
wann
warm, wärmer,
am wärmsten
• die **Wärme**
warum
was
waschen,
er wäscht, er wusch,
er hat gewaschen
• das **Wasser**
wechseln, sie wechselt
• der **Weg,** die Wege
weg
• das **Weihnachten,**
die Weihnachten
weil
weinen, er weint
weiß
weiter
welche, welcher,
welches
wem
wen
wenig
wenn
wer
werden, sie wird,
sie wurde,
sie ist geworden
werfen, er wirft, er warf,
er hat geworfen
• das **Wetter**
wichtig
wie
wieder
wild
• der **Wind,** die Winde
• der **Winter,** die Winter
wir
wissen, er weiß,
er wusste,
er hat gewusst
witzig
• die **Woche,** die Wochen
wohnen, sie wohnt
• die **Wolke,** die Wolken
wollen, er will,
er wollte, er hat gewollt
wünschen, er wünscht
wütend

Z z 

• die **Zahl,** die Zahlen
zählen, sie zählt
• der **Zahn,** die Zähne
• die **Zecke,** die Zecken
• der **Zeh,** die Zehen
zehn
• die **Zeit,** die Zeiten
• die **Zeitung,**
die Zeitungen
• die **Ziege,** die Ziegen
ziehen, es zieht,
es zog, es hat gezogen
• die **Zitrone,**
die Zitronen
• der **Zoo,** die Zoos
zu
• der **Zucker**
zuerst
• der **Zug,** die Züge
• die **Zukunft**
zuletzt
zurück
zusammen
zwei
• die **Zwiebel,**
die Zwiebeln
zwischen
zwölf

Inhaltsverzeichnis

Inhaltsverzeichnis

Lerninhalte

Kapitel	Lesen	Sprechen und zuhören	Texte verfassen
0	Arbeitsanweisungen lesen und verstehen (S. 4–11); einen Ausschnitt aus einem Kinderbuch lesen: „Vielleicht" (S. 5); Ausschnitte aus zwei Märchen lesen (S. 8)	über Wünsche / Zukunft sprechen; eigene Erfahrungen / Ideen einbringen; Vermutungen anstellen (S. 4); über eigene Fähigkeiten nachdenken und philosophieren (S. 5); über Gelerntes nachdenken / reflektieren (S. 11, 23, …)	Vermutungen aufschreiben (S. 4); sich eigene Ziele setzen und diese aufschreiben; adressatengerecht schreiben, anderen Komplimente machen; Fragen zum Kapitel beantworten (S. 11, 23, …)
1	einen **Stadtplan** lesen (S. 13, 21); einen Hörtext hören und Informationen entnehmen (S. 13); eine **Beschreibung** lesen und verstehen (S. 14); einen Sachtext lesen (S. 16); einen Text lesen und darüber sprechen (S. 18)	über **Verkehrsregeln und Fahrräder** sprechen (S. 12); über Verkehrszeichen und Sicherheit im Straßenverkehr sprechen; einen Hörtext hören und sich über das Gehörte austauschen (S. 13)	ein **Plakat** gestalten (S. 12); eine Person genau beschreiben und die **Beschreibung** anhand von Schreibkriterien überprüfen (S. 14/15); einen Text über ein Erlebnis im Präteritum schreiben (S. 16); eigene Rätsel schreiben (S. 21)
2	**Gedichte** lesen: „Novembertag" und „Septembermorgen" (S. 25); eine **Geschichte** betont lesen: „W-w-wer hat schon Angst im Dunkeln? (S. 26); eigene Geschichten vorlesen (S. 27); ein Gedicht lesen: „Tiger-Jagd" (S. 29)	über das **Wetter** sprechen; eigene Erfahrungen und Ideen einbringen (S. 24); über die Stimmung, die Sprache und den Klang von Gedichten sprechen; die beiden Gedichte vergleichen (S. 25); Rückmeldungen geben (S. 27)	sich über ein Thema informieren (S. 24); Schreibideen zu einer Geschichte entwickeln; den **Hauptteil und den Schluss der Geschichte** planen und schreiben; Schreibkonferenz: seinen Text vorstellen und überarbeiten (S. 26/27)
3	ein **Kinderrecht** lesen (S. 37); Briefe vorlesen (S. 38); Nachrichten auf dem Smartphone / Tablet lesen (S. 39); einen Text lesen: „Der Einsatz hat sich gelohnt" (S. 44)	über **Kinderrechte und Mitbestimmung** sprechen (S. 36); Argumente sammeln; über ein Thema diskutieren, Gesprächsregeln einhalten (S. 37); adressatengerecht sprechen; Rückmeldungen geben (S. 38); über soziale Medien sprechen (S. 39)	sich über Kinderrechte informieren (S. 36); Argumente in Stichworten aufschreiben (S. 37); einen formalen **Brief** schreiben, adressatengerecht schreiben (S. 38); mit digitalen Medien kommunizieren (S. 39)
4	einen **Lexikonartikel** lesen: „Das Recht am eigenen Bild" (S. 49); einen **Comic** lesen und nachspielen: „Juri und Arno die Weltraumpiloten – Planet Funghi" (S. 52); einen Text betont lesen (S. 54); ein **Gedicht** in einem Dialekt lesen (S. 55)	über **Videos und Filme** sprechen (S. 48); über persönliche Daten und ein Diagramm sprechen (S. 49); über ein Storyboard sprechen; Rückmeldungen geben (S. 50); einen Comic nachspielen (S. 52); über Dialekte sprechen; Gedichte in verschiedenen Dialekten vortragen (S. 55)	sich über **Stop-Motion-Filme** informieren (S. 48); eine Geschichte / einen Stop-Motion-Film planen; ein Storyboard erstellen; sich in Figuren hineinversetzen; eine Geschichte als Stop-Motion-Film aufnehmen; Filme präsentieren (S. 50/51)
5	einen Hörtext hören und Informationen entnehmen: „Windenergie" und „Sonnenenergie" (S. 61); einen **Bericht** lesen: „Ein voller Erfolg: unser Aktionstag" (S. 62); sich Berichte gegenseitig vorlesen (S. 63)	über einen **Stromausfall** und **Stromverbrauch** sprechen (S. 60); über ein Diagramm und erneuerbare Energien sprechen; über Hörtexte sprechen; Fragen zum Text beantworten (S. 61); über einen Aktionstag in der Schule sprechen (S. 62); Rückmeldungen geben (S. 63)	sich über den Stromverbrauch informieren (S. 60); Stichworte zur Textsorte **Bericht** aufschreiben; eine Checkliste erstellen; einen Bericht schreiben und anhand von Schreibkriterien überprüfen; Schreibkonferenz: seinen Text vorstellen und überarbeiten (S. 62/63)
6	eine **Geschichte** lesen: „Der Tresor" (S. 74); den Anfang einer Geschichte lesen: „Die Zeitmaschine" (S. 75); sich Geschichten gegenseitig vorlesen (S. 75); einen Text lesen (S. 78)	über **Wünsche und Träume** sprechen; sich zu Gedanken anderer äußern (S. 72); über Interviews sprechen; ein Interview vorbereiten und führen; ein Interview aufnehmen (S. 73); Rückmeldungen geben (S. 75); über Berufswünsche sprechen (S. 76)	sich über Sternschnuppen informieren (S. 72); eine Geschichte (rechtschriftlich) überarbeiten und verbessert aufschreiben (S. 74); eine **Geschichte planen** und weiterschreiben **(Mindmap)**; Einleitung, Hauptteil und Schluss kennen; seine Geschichte überarbeiten (S. 75)
7	Bücher / Kinderliteratur kennen; einen **Hörtext** hören und Informationen entnehmen (S. 85); eine **Buchvorstellung** lesen; interessenbezogen ein Buch auswählen (S. 86); **Gedichte** lesen (S. 87)	über **Entspannung und Freizeit** sprechen; Vermutungen äußern und begründen (S. 84); über verschiedene Bücher / Kinderliteratur sprechen; etwas begründen; über Hörtexte sprechen; Fragen zum Text beantworten (S. 85); Rückmeldungen geben (S. 86)	eine **Buchvorstellung** planen und aufnehmen; Texte in der Klasse vorstellen und Rückmeldungen geben (S. 86); den Aufbau eines Rondells kennenlernen; ein eigenes **Rondell** schreiben (S. 87)
8	verschiedene Textsorten kennen: Brief, E-Mail, Werbeplakat, Zeitungsartikel (S. 98/99); Redewendungen lesen und verstehen (S. 103)	über **Konsum und Werbung** sprechen; sich zu Gedanken anderer äußern (S. 96); Argumente sammeln; Gespräche szenisch nachspielen; situationsangemessen sprechen; einfache Gesprächsregeln entwickeln und einhalten (S. 97); adressatengerecht sprechen (S. 98/99)	adressatengerecht schreiben; einen Text planen und anhand von Schreibkriterien überprüfen; Schreibkonferenz: Texte überarbeiten und veröffentlichen; einen weiteren Text schreiben (S. 89/99); einen Werbespruch schreiben; einen kurzen Film aufnehmen (S. 102)

Lerninhalte

Sprache untersuchen	Richtig schreiben
Wortarten wiederholen: **Nomen**, **Artikel**, **Verben**, **Adjektive** und **Pronomen** erkennen; **Adjektive** mit Vergleichsstufen aufschreiben; Verben in allen **Personalformen** und im **Präteritum** schreiben; mit Pronomen Sätze schreiben (S. 6/7); **wörtliche Rede** wiederholen / markieren / einsetzen / schreiben (S. 8); einen Übungssatz untersuchen; Wortarten erkennen (S. 10)	**Rechtschreib-Strategien wiederholen**: „Wörter in Silben gliedern", „Wörter großschreiben", „Wörter ableiten", „Wörter verlängern", „Merkwörter" (S. 9); einen Übungstext abschreiben und Wortarten markieren; Lernwörter üben: buchstabieren (S. 10)
Präsens und Präteritum wiederholen: Verben im Präsens und Präteritum aufschreiben (S. 16); **Perfekt** kennenlernen: Verben im Perfekt und Präteritum aufschreiben (S. 17); **abstrakte und konkrete Nomen** ordnen (S. 18); **Nomen mit -heit, -keit, -nis und -ung** kennenlernen und ordnen; Wörter bilden (S. 19); einen Übungssatz untersuchen; Gemeinsamkeiten und Unterschiede von Sprachen entdecken (S. 22)	**Strategie „Wörter großschreiben"**: Nomen im Satz erkennen und großschreiben; Artikelwörter kennenlernen; Nomen und Artikelwörter markieren; einen Text richtig aufschreiben (S. 20); **Strategie „Wörter großschreiben"**: Eigennamen / Ortsnamen erkennen und großschreiben; Eigennamen einsetzen (S. 21); einen Übungstext abschreiben und Verben im Perfekt markieren; Lernwörter üben: sich diktieren lassen (S. 22)
Satzglieder wiederholen: Satzglieder umstellen / erkennen / markieren; Subjekt und Prädikat kennen (S. 28); **Grundform und Vergleichsstufen** von Adjektiven wiederholen und schreiben (S. 29); **Adjektive mit -ig, -lich und -isch** bilden / markieren / einsetzen (S. 30); **Adjektive -bar, -los und -sam** erkennen; Wörter bilden (S. 31); einen Übungssatz untersuchen; einfache englische Begriffe zuordnen (S. 34)	**Strategie „Wörter in Silben gliedern"**: Selbstlaute, Umlaute, Zwielaute einsetzen; **Strategie „Wörter großschreiben"**: Nomen und Satzanfänge großschreiben, zusammengesetzte Nomen richtig aufschreiben (S. 32); **Rechtschreib-Strategien anwenden**: Schreibungen mit Hilfe der fünf Strategien erklären (S. 33); einen Übungstext abschreiben; Lernwörter üben: im Wörterbuch nachschlagen (S. 34)
Subjekt und Prädikat wiederholen; Sätze abschreiben, Subjekt / Prädikat markieren; Sätze zu Fragesätzen umstellen, das Prädikat markieren (S. 40); das **zweiteilige Prädikat** kennenlernen / markieren / einsetzen (S. 41); **Verben mit Vorsilben** bilden; eigene Sätze schreiben (S. 42); einen Übungssatz untersuchen; englische Begriffe erklären (S. 46)	**Konjunktion und Bindewort** kennenlernen; Sätze mit Konjunktionen verbinden; eigene Sätze schreiben (S. 43); **Wörter mit ck und tz** wiederholen; kurze Selbstlaute markieren; Wörter mit Trennstrichen aufschreiben (S. 44); **Wörter mit lk, nk, rk und lz, nz, rz** richtig schreiben; kurze Selbstlaute markieren (S. 45); einen Übungstext abschreiben; Lernwörter üben: am Computer in eine Tabelle abtippen (S. 46)
wörtliche Rede wiederholen: Sätze mit Redebegleitsätzen aufschreiben (S. 52); **eingeschobene Redebegleitsätze** kennenlernen; Redebegleitsätze passend einsetzen; Redezeichen markieren (S. 53); **lautmalerische Wörter** kennenlernen und passend einsetzen (S. 54); **Dialekte** mit der Standardsprache in Verbindung setzen (S. 55); einen Übungssatz untersuchen; Gemeinsamkeiten von Dialekten entdecken (S. 58)	**Strategie „Merkwörter"**: Wörter mit x-Laut unterscheiden; **Wörter mit chs, cks, ks und x** geordnet aufschreiben und in der Wörterliste finden (S. 56); **Verben mit der Endung -ieren** geordnet aufschreiben / ihrer Bedeutung zuordnen; zu Verben passende Nomen finden (S. 57); einen Übungstext abschreiben; Lernwörter üben: in verschiedenen Farben schreiben (S. 58)
vier Fälle des Nomens kennenlernen: nach Nominativ, Genitiv, Dativ, Akkusativ fragen und die Antworten aufschreiben; Veränderungen bei Nomen erkennen; Nomen richtig einsetzen (S. 64/65); **Wortstamm und Wortfamilie**: Wortstamm und Veränderungen im Wortstamm erkennen; den Wortstamm markieren; Wörter einer Wortfamilie finden / erkennen (S. 66/67); einen Übungssatz untersuchen; Gemeinsamkeiten und Unterschiede von Sprachen entdecken (S. 70)	**Strategie „Wörter ableiten"** Wörter mit ä/a und äu/au richtig aufschreiben; **Strategie „Wörter verlängern":** Wörter mit b/p, d/t und g/k verlängern und richtig aufschreiben (S. 68); **Rechtschreib-Strategien anwenden**: Schreibungen mit Hilfe der fünf Strategien erklären (S. 69); einen Übungstext abschreiben; Lernwörter üben: auf den Rücken schreiben (S. 70)
Futur kennenlernen; Sätze im Präsens und im Futur aufschreiben (S. 76); **Zeitformen** wiederholen: Verben in vier Zeitformen ordnen; Sätze in verschiedenen Zeitformen schreiben; das Verb „sein" in verschiedenen Zeitformen aufschreiben (S. 77); **zusammengesetzte Nomen** (Nomen + Nomen, Verb + Nomen und Adjektiv + Nomen) erkennen / zerlegen / zusammensetzen (S. 78); einen Übungssatz untersuchen; über die Bedeutung von Wörtern sprechen (S. 82)	über **Trennungsregeln** sprechen / kennen / anwenden; Texte korrigieren (S. 79); **Wörter mit ss und ß** richtig schreiben / einsetzen; unregelmäßige Verben im Präsens und Präteritum aufschreiben (S. 80); **Strategie „Wörter verlängern": Verben mit doppeltem Mitlaut am Wortstammende** verlängern, kurze Selbstlaute markieren; einen Text richtig aufschreiben (S. 81); einen Übungstext abschreiben; Lernwörter üben: am Computer schreiben und Trennstriche setzen (S. 82)
Satzglieder: das **Dativobjekt** und das **Akkusativobjekt** kennenlernen; Sätze bilden / abschreiben / markieren; nach dem Dativobjekt und dem Akkusativobjekt fragen (S. 88/89); **Satzglieder** wiederholen: Subjekt, Prädikat, Dativ- und Akkusativobjekt bestimmen; eigene Sätze schreiben und Satzglieder umstellen (S. 90); einen Übungssatz untersuchen; Dialekte mit der Standardsprache vergleichen (S. 94)	**Strategie „Merkwörter": kleine Merkwörter** schreiben; Konjunktionen einsetzen (S. 91); **Strategie „Merkwörter": Wörter mit langem i** schreiben / einsetzen (S. 92); **Strategie „Wörter in Silben gliedern": Wörter mit silbentrennendem h** richtig schreiben; **„Wörter verlängern"**: verwandte Wörter aufschreiben (S. 93); einen Übungstext abschreiben; Lernwörter üben: ein Laufdiktat machen (S. 94)
Satzglieder: die **Ortsangabe** kennenlernen; nach der Ortsangabe fragen (S. 100); die **Zeitangabe** kennenlernen; nach der Zeitangabe fragen; (S. 101); Werbesprache untersuchen, Werbewörter zuordnen (S. 102); die Bedeutung von Redewendungen zuordnen / selbst formulieren (S. 103); einen Übungssatz untersuchen; Gemeinsamkeiten und Unterschiede von Sprachen entdecken (S. 106)	**Strategie „Merkwörter"**: über Merkwörter sprechen; Merkwörter nach Merkstellen ordnen und richtig aufschreiben; Merkwörter finden (S. 104); **Rechtschreib-Strategien anwenden:** Schreibungen mit Hilfe der fünf Strategien erklären (S. 105); einen Übungstext abschreiben; Lernwörter üben: rückwärts lesen (S. 106)

Deutsch mit Olli 4

Sprachbuch

Erarbeitet von:	Christine Kröner, Kathrin Lattus, Heidrun Rebenstorff, Alexandra Thiel, Lisa Wegerle, Maike Wilken
Redaktion:	Anna Koltermann, Andrea Siebert
Illustrationen:	**Christian Bartz**: S. 2–125 und Umschlagseiten: alle Illustrationen, außer den nachfolgend aufgeführten: **Petra Eimer**: Papagei Olli auf Umschlagseiten, S. 3, 5, 6, 10, 13, 16-21, 25–32, 37–40, 42, 43, 44, 51, 52, 54–57, 61, 63, 65, 67, 73–80, 85, 87–90, 92, 93, 96, 97, 99, 100, 102–104, 110; **Manuela Ostadal**: Rettungsring S. 10, 22, 34, 46, 58, 70, 82, 94, 106; Vignetten Wörterliste S. 116–123
Umschlaggestaltung:	Corinna Babylon und Jule Kienecker, Berlin
Layoutkonzept:	Cornelia Gründer, Corngreen GmbH, Leipzig
Technische Umsetzung:	Reemers Publishing Services GmbH, Krefeld

www.cornelsen.de

◇ Texte mit diesem Zeichen wurden aus didaktischen Gründen gekürzt oder verändert. Informationen stehen im Textquellenverzeichnis bei den betreffenden Texten.

1. Auflage, 1. Druck 2023

Alle Drucke dieser Auflage sind inhaltlich unverändert und können im Unterricht nebeneinander verwendet werden.

Druck: Mohn Media Mohndruck, Gütersloh

ISBN 978-3-464-80254-0